ALFRED GEORG FREI

FINALE GRANDE

Alfred Georg Frei

FINALE GRANDE

DIE RÜCKKEHR DER FUSSBALLWELTMEISTER 1954

Mit Beiträgen von Harald Dunajtschik

und einem Nachwort von Hermann Glaser

: TRANSIT

INHALT

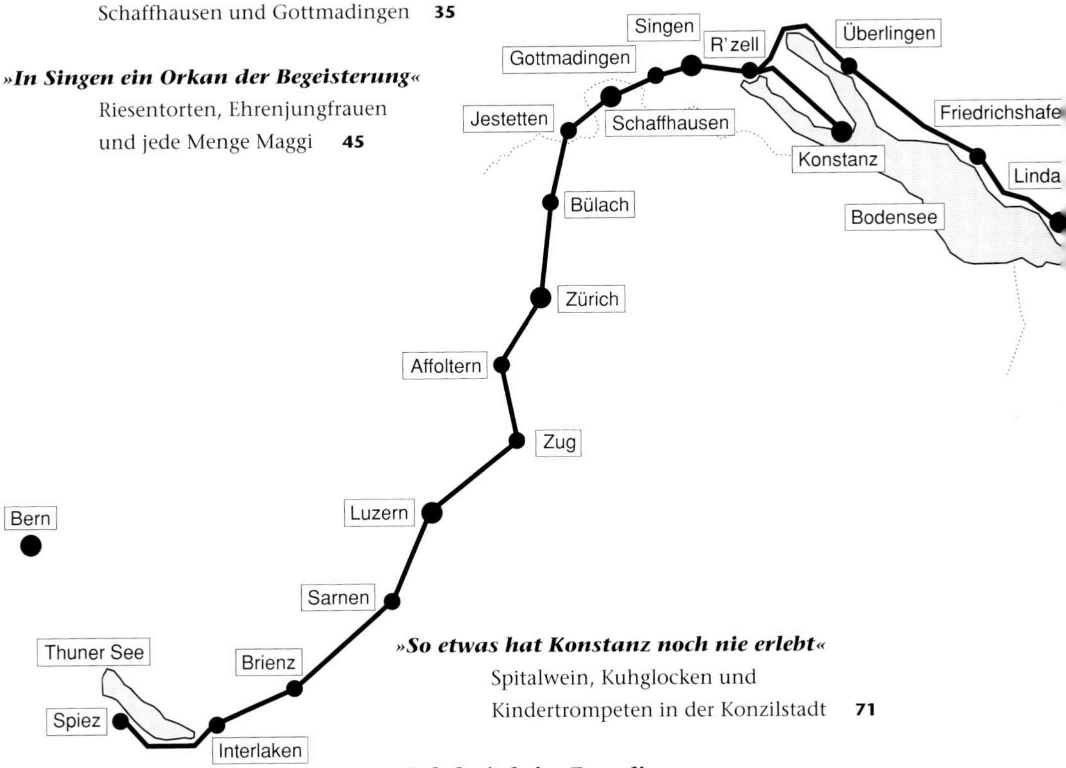

Singen
R' zell
Überlingen
Gottmadingen
Friedrichshafe
Jestetten
Schaffhausen
Konstanz
Linda
Bülach
Bodensee
Zürich
Affoltern
Zug
Bern
Luzern
Sarnen
Thuner See
Brienz
Spiez
Interlaken

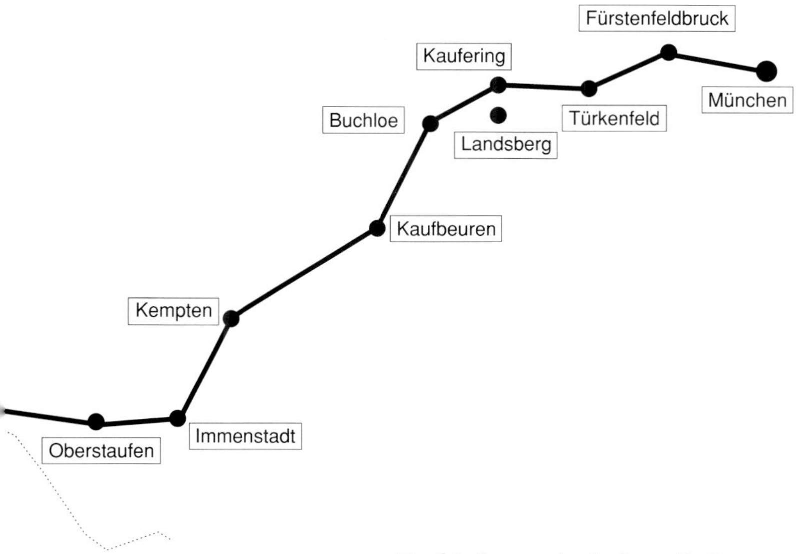
Fürstenfeldbruck
Kaufering
München
Buchloe
Türkenfeld
Landsberg
Kaufbeuren
Kempten
Immenstadt
Oberstaufen

»Aus! Aus! Aus! Aus! Das Spiel ist aus!«

DER ÜBERSCHWANG DER KLEINEN LEUTE UND DIE PIONIERE DES WIRTSCHAFTSWUNDERS

In Washington sorgte sich Sir Winston Churchill um die kleinen Leute. Die Völker hätten im »Jahrhundert des ›kleinen Mannes‹ eine sehr rauhe Zeit gehabt«. Angesichts der atomaren Gewalten könne die Politik jetzt nur noch einen Sinn haben: den »kleinen Leuten« die Chance zu geben, »Spaß zu haben«. Er wußte auch woran: »Am Fernsehen und am Fußballspiel.«

In derselben Woche erhoben sich in Deutschland die »kleinen Leute« aus einer besonders rauhen Zeit. Ihre Fußball-Nationalmannschaft war Weltmeister geworden. Laut »Spiegel« vom 7. Juli 1954 freuten sich die Deutschen, »als hätten sie nun, Ende Juni 1954, nach zwanzighundertjährigem geschichtlichen Irrweg den alleinigen verheißungsvollen Sinn und die wahre Bestimmung ihrer nationalen Existenz entdeckt.«

Das Datum dieser Art nationaler Identitätsstiftung war der 4. Juli 1954. Die alles entscheidende Tat war ein Tritt des deutschen Rechtsaußen gegen eine Lederkugel. Das Volk erfuhr die frohe Botschaft in dramatischen Worten: »Aus dem Hintergrund kommt Rahn. Rahn müßte schießen. Rahn

2:2-Ausgleich durch Rahn bei dem Endspiel in Bern, 4. Juli 1954

Das 3:2 Siegtor ebenfalls durch Helmut Rahn

schießt. Tor! Tor! Tor! Tor für Deutschland!«. Radioreporter Herbert Zimmermann übermittelte auf diese Weise der (west-)deutschen Nation die entscheidende Szene des Endspiels um die Fußballweltmeisterschaft 1954 in der Schweiz. Der Außenseiter Bundesrepublik Deutschland schlug im Berner Wankdorf-Stadion die seit Jahren unbesiegten Ungarn nach einem frühen 0:2-Rückstand mit 3:2. Noch in der Vorrunde hatten die Magyaren denselben Gegner in Basel mit 8:3 vom Platz gefegt. Die ungarische Mannschaft hatte in den Jahren davor Fußballgeschichte geschrieben. Höhepunkt war neben der Goldmedaille bei den Olympischen Spielen 1952 der Sieg der Mannschaft um Kapitän Puskas in einem Freundschaftsspiel im Londoner Wembley-Stadion. Als erster ausländischer Mannschaft gelang es den Ungarn, die Engländer auf der britischen Insel zu bezwingen – und das gleich mit 6:3! Auch während der Weltmeisterschaft in der Schweiz spielte die Mannschaft groß auf. Nach dem Kantersieg über Deutschland wurden mit Brasilien und Titelverteidiger Uruguay die starken Südamerikaner aus dem Rennen geworfen. Ausgerechnet das wesentlich niedriger

eingestufte Team um Kapitän Fritz Walter verwehrte den jahrelang überragenden Ungarn im letzten Augenblick das Erreichen des höchsten Gipfels der Fußballwelt.

Von links: Sepp Herberger, Masseur Deuser, Arzt Dr. Logen und Schuhwart Adolf Dassler (»adidas«)

Nach dem Zweiten Weltkrieg war es erst 1950 einer westdeutschen Mannschaft überhaupt erlaubt worden, ein Länderspiel auszutragen. Bei der im gleichen Jahr stattfindenden Weltmeisterschaft in Brasilien war Deutschland noch ausgeschlossen. Doch beim nächsten WM-Turnier vier Jahre später schlug die große Stunde. Die fußballerische Vertretung Deutschlands steigerte sich nach mühseligem Beginn im entscheidenden Augenblick: Die Vorrunde überstand das Team von Bundestrainer Sepp Herberger erst nach einem Entscheidungsspiel gegen die Türkei, beim Viertelfinale gegen Jugoslawien half ein frühes Eigentor des Gegners. Im Halbfinale gegen Österreich deutete die Mannschaft beim überraschend hohen 6:1-Sieg jedoch ihre Stärke bereits an. Im Finale weckte das frühe 0:2 zunächst Erinnerungen an das aus deutscher Sicht demütigende Ungarn-Spiel in der Vorrunde in Basel. Doch die dann erfolgte Aufholjagd machte das »Wunder von Bern« umso größer. Der Ausgang dieses

Morlock schießt das 1:2

WM-Endspiels stellt bis heute eine der größten Sensationen der Fußballgeschichte dar. Die »Helden von Bern« wurden in Deutschland zu einer Legende.

Aus der damaligen Mannschaft ragen noch bestimmte Einzelfiguren heraus: Unvergessen sowohl als Meistertaktiker, als Fußballphilosoph (»Der Ball ist rund«) wie auch als Vaterfigur ist Sepp Herberger. Unter den Spielern ist vor allem Kapitän Fritz Walter (»Der alte Fritz«) im kollektiven Gedächtnis geblieben. Mittelstürmer Helmut Rahn vollendete mit seinen beiden Toren im Endspiel den WM-Sieg. Torhüter Toni Turek sah beim zweiten ungarischen Treffer in der Anfangsphase des Finales noch sehr schlecht aus, doch dann steigerte er sich zu überragender Form und rettete in der Schlußphase den sensationellen Sieg. Die Satzsequenzen Herbert Zimmermanns in den letzten Minuten des Spiels vom Siegestor Helmut Rahns bis zum Schlußpfiff des englischen Schiedsrichters Ling lassen die Gefühle erahnen, die auf deutscher Seite mit diesem Ereignis verbunden waren: »3:2 führt Deutschland fünf Minuten vor Spielende! Halten Sie mich für verrückt, halten Sie mich für übergeschnappt!

TOBLERONE
Chocolat Tobler
Pneu Continental
LONGINES
DAR VIDA
DAS FRÜHSTÜCK FÜR DEN Sportler
2
3
Ungarn
Deutschland
5

… Daumen halten, viereinhalb Minuten Daumen halten … 3:2 und die Ungarn wie von der Tarantel gestochen … Drehen den siebten oder zwölften Gang auf … Kein Tor! Kein Tor! Kein Tor! Puskas Abseits! … Der Sekundenzeiger, er wandert so langsam … Toni! Toni, Toni, Du bist ein Fußball-Gott! … Aus! Aus! Aus! Aus! Aus! Das Spiel ist aus! Deutschland ist Weltmeister! Schlägt Ungarn mit 3:2 im Finale in Bern!«

Die Deutsche Bundesbahn stellte der siegreichen Equipe für deren Heimfahrt sofort ihr damals nobelstes Modell zur Verfügung: den Dieseltriebwagen VT 08. Die (west-)deutsche Bevölkerung, ob fußballinteressiert oder nicht, bereitete »ihrer« Siegermannschaft an den jeweiligen Bahnhöfen triumphale Empfänge. Frenetischer Jubel, durchbrochene Polizeisperren, Geschenke an die Spieler als Vorgeschmack des »Wirtschaftswunders«, Blasmusik, vorbereitete Reden von Oberbürgermeistern und Landräten, denen niemand zuhören wollte – ob in Singen, Radolfzell, Konstanz, Lindau, Oberstaufen, Immenstadt, Kempten oder Fürstenfeldbruck. Fast eine halbe Million Menschen hatte sich an der Strecke

eingefunden. Sie wollten auch einmal etwas vom Leben haben, unabhängig von militärischen und politischen Zwängen. Was auf Bahnhöfen und entlang der Strecke die Weltmeister (und sich selbst) feierte, war eher das »kommunale« als das »nationale« Deutschland: Fußball- und Trachtenvereine, Spielmannszüge, Kleingärtner, Schulklassen, Nachbarn, Belegschaften örtlicher Betriebe – und entsprechend fielen die Geschenke aus: Blumen, Bücher, Torten, Pralinen, regionale Produkte von Wein, Käse, Suppenwürfeln bis hin zu Unterhosen und Tischdecken. Es war ein Fest der »kleinen Leute« (und nicht der großen Politik, die den Fußball erst später für sich entdeckte) – und damals ein Fest sowohl des Vergessens der Vergangenheit wie auch der Hoffnung auf einen Neuanfang. Die Weltmeister hatten es vorgemacht. Kameradschaft, Bescheidenheit – und dann der Überraschungssieg. So wollten sie es auch machen: jetzt tüfteln und schuften, später einmal Weltmeister werden: im Wirtschaftswunder.

Die Mannschaft nach dem Spiel. Stehend von links: Sepp Herberger, Fritz Walter, Helmut Rahn, Jupp Posipal, Horst Eckel, Werner Liebrich, Ottmar Walter, Hans Schäfer, Max Morlock; knieend: Karl Mai, Toni Turek, Werner Kohlmeyer

Die Bahnfahrt begann am 5. Juli 1954, dem Tag nach dem Endspiel, vom Ort des Trainingslagers in Spiez am Thuner See aus. Sie führte über den ersten planmäßigen Halt auf

deutschem Boden in Singen, einen außerhalb der Fahrtstrecke liegenden Schlenker nach Konstanz, die Übernachtung in Lindau am Bodensee bis nach München. Es folgten gesonderte Ehrungen in Kaiserslautern für die fünf Spieler des dortigen 1. FC Kaiserslautern sowie noch einmal für die ganze Mannschaft in Berlin, Bonn und Dingolfing. Auf das Finale in Bern folgte das Finale Grande in der Bundesrepublik Deutschland. Dem Triumph auf dem Rasen des Berner Wankdorf-Stadions schloß sich der Triumphzug auf westdeutschen Schienen, Straßen und in den Festsälen an.

Die Reden der Oberbürgermeister und Landräte blieben auf den Manuskripten stehen oder gingen im Lärm unter. Die Inszenierungen, die von örtlichen Honorationen für den Empfang vorbereitet waren, wurden von Kindern, Jugendlichen und erwachsenen Fans buchstäblich über den Haufen geworfen. Das Überschwengliche und (für deutsche Verhältnisse überraschend) Anarchische wurde auch in der ausländischen Presse verblüfft registriert und ist sicherlich weit über das sportliche Ereignis hinaus der Grund dafür, daß diese Weltmeisterschaft 1954 ein immer noch herausragen-

Fritz Walter, Horst Eckel und Helmut Rahn

des, geradezu rührendes Ereignis geblieben ist. Nur einer vergriff sich immer wieder im Ton: der Präsident des Deutschen Fußball-Bundes (DFB), Peco Bauwens. In Lindau etwa spielte er darauf an, daß im Laufe des Endspieles die deutsche Fahne von einem der Stadionmasten entfernt worden war. Die Lindauer Zeitung gibt in ihrer Ausgabe vom 7. Juli 1954 auszugsweise die Worte des DFB-Chefs wieder: »Als man zum Endkampf angetreten sei und die deutsche Fahne nicht am Mast geweht habe, da habe er gewußt, daß seine Jungs sich gesagt hätten: ›Nun erst recht!‹ und das Spiel ihres Lebens spielen würden. Nicht aus einem übertriebenen Nationalismus, sondern aus berechtigter Vaterlandsliebe; und so hätten sie auch im friedlichen Wettstreit den Pokal nach Hause gebracht und das Ihre zur Hebung des deutschen Ansehens in fairem Kampf beigetragen.«

Sprüche dieser Art fanden bis in das höchste Amt des Staates ein Echo: Theodor Heuss persönlich distanzierte sich, wenige Stunden nach seiner Wiederwahl zum Bundespräsidenten, anläßlich des Empfanges der Weltmeister im Berliner Olympia-Stadion von den Aussagen Bauwens'.

Deutsche »Schlachtenbummler«

In den alltäglichen Konflikten und Ritualen kommt der Fußballweltmeisterschaft gleich große Bedeutung zu wie der sechs Jahre älteren Währungsreform. Mit der Währungsreform schufen die drei Zonenregierungen und die westlichen Besatzungsmächte eine Voraussetzung für das »Wirtschaftswunder«. Der Triumphzug der Fußballweltmeister 1954 führte die westdeutschen Träume vor. Die Geschenke, die sie dabei erhielten, machten sie zu Pionieren des »Wirtschaftswunders«. »Wirtschaftswunder« bedeutete nicht nur ein regelmäßig wachsendes Bruttosozialprodukt und einen ebenso regelmäßig steigenden privaten Konsum – »Wohlstand für (fast) alle«. »Wirtschaftswunder« bedeutete auch ein Abhaken der Vergangenheit. Die Auseinandersetzung über die individuell und gesellschaftlich bestimmende Erfahrung des Nationalsozialismus wurden ein Jahrzehnt lang gestaut, wie der Alltagshistoriker Lutz Niethammer schreibt. Dies drückt sich etwa in der Unsicherheit nationalen Symbolen gegenüber und der Suche nach historisch unbelasteten Feldern aus. »Man sucht etwas Neues, aber man sucht es nach Maßstäben, die schon lange geeicht wurden«, stellt Niethammer fest.

Von links:
Ottmar Walter,
Kohlmeyer, Liebrich,
Eckel und Schäfer

1954 haben die Deutschen ein historisch unbelastetetes Feld gefunden. Es entsprach dem Streben nach Leistung, zivil und friedlich. Diese Leistung wurde bescheiden und »kameradschaftlich« erbracht. Wie eine Woge schwappte der Überschwang nach der Fußballweltmeisterschaft 1954 über das Stauwehr der nationalen Schmach. Das Ende des Nationalsozialismus und die Ergebnisse des von den Deutschen verantworteten Zweiten Weltkrieges überwand die »Aschenbrödel-Nation« (The Guardian) in einem Boot, das von »elf Kameraden« um Bundestrainer Sepp Herberger gesteuert wurde.

Die Fußballweltmeisterschaft war der Auftakt zu den »politischen fünfziger Jahren«. Die Fußballweltmeisterschaft gab den Deutschen eine nationale Identität zurück, die sich vor allem aus den Erfolgen des »Wirtschaftswunders« weiterentwickelte. Dieses Wirtschaftswunder ging einher mit einer rasanten gesellschaftlichen Modernisierung, profitsichernd und marktwirtschaftlich. Sie zeigt sich z.B. im Straßenbau, in der Stadtplanung, in der Bildungspolitik, in der »Freßwelle«, in der Technikbegeisterung und in der Medienpolitik.

Fritz Walter, Horst Eckel

Insofern waren die fünfziger Jahre eine Zeit des Umbruchs und der Neuorientierung, sowohl politisch wie ökonomisch. Die Anlehnung an den Westen bedeutete gleichzeitig eine Infragestellung verstaubter Deutschtümelei. Es war, um es ins Sportliche zurückzubringen, die Zeit, in der aus Amateuren langsam Profis wurden (auch wenn es den Fußballhelden von 1954 damals noch nicht klar war).

Die Bilder, die wir zeigen, erzählen die Geschichte eines Spektakels. Wir versuchen dabei einen Faden des Sozialhistorikers Klaus Tenfelde weiterzuspinnen, der die »historische Ikonologie des Festzugs« bis in die NS-Zeit beschrieben hat. Im bürgerlichen Zeitalter bot der Festzug »die Chance positiver Identifikation«, die Gelegenheit sich wiederzuerkennen, das Gegenwärtige »geschichtlich« zu machen und – so fügen wir hinzu – die Gelegenheit, sich eine Vorstellung von der Zukunft zu machen. Tenfelde beschreibt u.a. den Triumphzug von Monarchen im 19. Jahrhundert: »Der Bahnhof insbesondere, aber auch die Straßen der Empfangsstädte erstrahlten im Schmuck von Fahnen und Baumgrün; Schulkinder, Magistrat und Bürgermeister, hohe Beamte und je-

denfalls die Militärs traten im Spalier der Vereine zur Begrüßung heran ...«. Ein sehr ordentliches Bild, mit klaren Hierarchien und planmäßigem Programm.

Trotz allen Durcheinanders, auch mit solchen Vorläufern hatte der Triumph-Zug 1954 zu tun, wenn auch damals ganz andere Fragen im Vordergrund standen. »Ob wohl die Zeitgeschichte allzusehr als Fußballgeschichte erlebt wird?« Darüber rätselte der SPD-Bundestagsabgeordnete Wenzel Jaksch in der Freien Presse Bielefeld. Er beruhigte: die »kleinen Leute« hätten »bei allem zeitweiligen Überschwang einen gesunden Instinkt für das richtige Maß« (16. Juli 1954). Wir werden sehen.

SPIEZ, SEIN GEIST UND DIE MANNSCHAFT
DER AUFTAKT ZUM FINALE GRANDE

In Spiez hatten sich 1954 die deutschen Fußballnationalspieler im Hotel Belvedere eingemietet. Das Hotel, ein hochaufragender Gründerzeitbau, liegt am westlichen Ortsrand von Spiez. Darunter eine Wiese, die steil zum See abfällt. Vierhundert Meter im Galopp, hinein ins Ruderboot, hinaus auf den Thuner See: schon hat man ein Panorama vor sich. Die Spiezer Bucht wird an beiden Seiten von zwei majestätischen Gebäuden überragt. Auf der südöstlichen Seite erhebt sich (seit dem 11. Jahrhundert) ein Schloß. Es steht wie ein Dorn auf einer in den See hineinlaufenden Spitze. Dorne heißen im Gallischen »spijates«. Der Chronist Elogius Kiburger wußte: »Das als vil ist als ein Spitz in den See«.

Der Dorn auf der nordwestlichen Seite der Bucht ist erst Anfang des Jahrhunderts hinzugekommen. Das Hotel Belvedere wurde 1908 erbaut. Es steht höher als das Spiezer Schloß. Hinter dem Belvedere liegt der Spiezer Bahnhof – Schienenstränge, Weichenanlagen und Signale wie in einer Großstadt. Die Eisenbahn machte Spiez in der zweiten Hälfte des 19. Jahrhunderts zu einem Knotenpunkt. Hier haben Bergbahnen ihren Ausgangspunkt, so etwa die »Berner

Alpenbahn«, die heute allein 600 Menschen in Spiez beschäftigt. Aus dem Fischer- und Winzerdorf wurde eine Eisenbahnerstadt.

Hotel Belvedere

Ernst Steffen spielte damals als Achtjähriger in der Jugendmannschaft des Fußballclub Spiez. Er und die anderen Kinder und Jugendlichen waren begeistert, daß sich die deutsche Nationalelf gerade Spiez als Quartier ausgesucht hatte. »Wir waren immer bei den deutschen Fußballspielern«, erinnert sich Steffen im November 1993. »Es gab keine große Distanz zwischen den späteren Weltmeistern und uns Kindern. Wir waren bei ihnen, wenn sie spazierengegangen sind. Wir standen am Ufer, wenn sie mit dem Boot gefahren sind.«

Sepp Herberger, der deutsche Trainer seit 1937, hatte das Hotel ausgesucht. Das Belvedere ist heute wieder chic – wie in den ersten Jahrzehnten seines Bestehens auch. Wie das Hotel wohl in den fünfziger Jahren gewirkt hat? »Modern« war es zu der Zeit bestimmt nicht, eher bescheiden: optimal gelegen, ruhig, ohne Ablenkungen. Es war kein Hotel für Stars, sondern gerade richtig für die »Mannschaft der Kameraden«.

Kaufe für
Ungarn-Deutsch
2 Sitzplätze

»Wir heißen Sie in unserer Ortschaft bestens willkommen und hoffen, daß Ihnen der Aufenthalt in Spiez recht angenehm sein wird«, so begrüßte am 16. Juni 1954 das »Berner Wochenblatt und Oberländer Volks-Zeitung – Meistgelesenes, eingelebtes Organ des oberen Kantonsteils« die Mannschaft.

Das »eingelebte Organ« hüllte sich in seinen nächsten Ausgaben, was die Fußballer betraf, in Schweigen. Es berichtete aber zum Beispiel am 23. Juni (»Wie der Dienstverweigerer Utiger erschossen wurde«) über das Schicksal eines Kriegsdienstverweigerers aus dem nahegelegenen Wiggiswil. 1954 konnte man in der Bundesrepublik noch nicht (wieder) Soldat sein; das »Amt Blank« begann gerade mit der Anwerbung von Freiwilligen für die Bundeswehr.

In seinem Bericht über die Siegesfeier erwähnte der »Oberländer« ein »wohlverdientes Ständchen und sehr beifällig aufgenommenes Ständchen«, das der Musikverein Spiez den Weltmeistern gebracht hatte. »Mit einem halben Dutzend flotter Märsche« erfreuten die Spiezer Musiker die um 20.30 Uhr von Bern zurückkehrende Nationalmannschaft.

»Nach dem Nachtessen wurde die Erringung der Weltmeisterschaft, wie es sich geziemt, durch mehrere Reden gewürdigt«, heißt es in der Neuen Zürcher Zeitung. Der deutsche Gesandte in Bern, Holzapfel, erkannte im Fußball sittliche Werte: »Den Verzicht des einzelnen auf die eigene Geltung, die Unterordnung unter die Gemeinschaft« hob er besonders hervor – aber auch die Aufgabe des Sports, »Brücken zu schlagen von Volk zu Volk.«

Der Spiezer Gemeinderatspräsident Ott »anerkannte das absolut korrekte Verhalten der deutschen Fußballer. Großen Applaus erntete er mit der gutgewählten Zitierung des Moltkewortes, daß ›nur der Tüchtige Glück‹ hat.« Ob die Zitierung wirklich so geglückt war? Moltke hatte den Krieg Preußens gegen Österreich (mit dem die süddeutschen Staaten verbündet waren!) 1866 militärisch geplant und siegreich beendet – und Deutschland hatte Österreich 1954 bei der Weltmeisterschaft fußballerisch mit einem 6:1 gedemütigt ...

Anfahrt zum Spiel

»Hohes Lob«, schreibt wiederum der Oberländer, »durfte insbesondere Mannschaftstrainer Herberger entgegennehmen, der es offenbar verstanden hat, seiner Equipe ein außerordentlich hohes Maß an geistiger und körperlicher Disziplin zu vermitteln. Die Jungens waren übrigens schon die ganzen drei Wochen ihres Aufenthalts in Spiez durch anständiges, bescheidenes Auftreten angenehm aufgefallen.« – So wie man sich überall, aber vor allem in der Schweiz, die Touristen wünscht ...

Der Bericht schloß: »Stark beeindruckt haben den Berichterstatter die sehr kurzen und schlichten Worte des Trainers Herberger ... Das schönste ... sei nicht der Sieg gewesen, sondern die wahrhaft sportliche Mannschaftsarbeit während des ganzen Trainingslagers. ›Es gibt Mannschaften, die manchmal besser spielen als wir, aber es gibt keine Mannschaft, die mehr Gemeinschaftsgeist, mehr Kameradschaft kennt als die unsere.‹«

Damit waren Leitmotive vorgegeben, die bis heute die Berichte über Fußballmannschaften aus Deutschland begleiten: »Gemeinschaft« und »Kameradschaft«. Das Zusammenhal-

Vor dem Berner Stadion

ten, gegenseitige Unterstützung, kämpferische Einheit – das galt und gilt als das Besondere des deutschen Fußballs, im Gegensatz z.B. zu den Ungarn, den Brasilianern oder Italienern, die immer als Individualisten, Stars oder Zauberer bezeichnet wurden. Daß diese »deutschen« Tugenden in den frühen fünfziger Jahren noch einen außersportlichen Sinn machten und deswegen von den Journalisten fast schon inflationär beschworen wurden, ist begreiflich: Der Krieg war erst wenige Jahre vorüber; Niederlage, Verluste, Not und Schuld ließen sich mit »Gemeinschaftsgeist« besser ertragen – und besser zur Seite schieben.

Am nächsten Morgen lud der Spiezer Gemeinderat um 11 Uhr zu einem Frühschoppen ein. Die von Gemeinderatspräsident Ott geführte Spiezer Delegation überreichte eine Simmentaler Zinnkanne. Eine Widmung »Zum Weltmeisterschaftssieg« war eingraviert.

Damit eröffneten die Schweizer den bunten Geschenkreigen, mit dem die Weltmeister einen Vorgeschmack vom »Wirtschaftswunder« bekommen sollten. Mit der Zinnkanne und 1500 Gratulationstelegrammen von Politikern, Industri-

ellen, Sportverbänden, darunter sogar vom Fußballverband der »Sowjetzone«, machten sich die Weltmeister auf den kurzen Fußweg zum Bahnhof. Ernst Steffen und seine Freunde gingen der »Mannschaft der Kameraden« hinterher. Im mit Girlanden geschmückten Bahnhof wartete schon der Sondertriebwagen der Deutschen Bundesbahn mit der Aufschrift in riesigen Lettern »Fußball-Weltmeister 1954«.

Der Triumph-Zug im Spiezer Bahnhof

Die Fahrt durch die Schweiz verlief ruhig. Einige gratulierten, als der Zug in den Kopfbahnhof von Zürich einfuhr und wendete. Die Gratulanten winkten auch, als der Zug zum Bahnhof hinausfuhr.

Vor 17 Jahren war das noch anders gewesen. Ein Sonderzug voll mit deutschen Fußballfans erhielt keine Blumen zum Abschied. Ein Mitreisender erinnert sich: »Bei der Abfahrt mit dem Sonderzug hat sich ein Teil des zurückbleibenden Eisenbahnpersonals die Frechheit erlaubt, uns mit geballten Fäusten und abfälligen Handbewegungen nachzuwinken.« Was war geschehen? Die deutsche Fußballnationalmannschaft hatte an jenem 2. Mai 1937 gegen die Schweiz in

Zürich gespielt. Danach gab es kein »Finale Grande«. »Fahret ab, ihr Sauchaib«, bekamen die deutschen Fans von den Schweizern zu hören. Statt Blumengebinden und Zinnvasen bedachten die Schweizer die deutschen Fans mit Dreck und Steinen. Die zuständige deutsche Behörde, die Staatspolizeileitstelle in Stuttgart, sammelte die Protokolle des deutschen Unmuts. Der Konstanzer Historiker Werner Trapp hat diese Protokolle ausgewertet. Folgen wir ein Stück der Vorgeschichte dieses »Finale Grande«.

An jenem 2. Mai 1937 parkt ein Omnibus vor einem Gasthaus in Zürich. Es ist Sonntag. Die meisten der Fahrgäste sind im Lokal. Ein Ehepaar und ein vierzigjähriger Mann bleiben beim Bus. Der Mann ist aus Stuttgart. Er gibt wenige Tage später zu Protokoll: »Als wir kurze Zeit an dem Omnibus standen, kamen etwa vier bis fünf Schweizer Kinder, die schätzungsweise drei bis sechs Jahre alt waren, zu uns her und baten um ein Hakenkreuzfähnchen. Ich gab den Kindern insgesamt drei Fähnchen, an denen sie eine große Freude hatten. Nachdem die Kinder im Besitz der Fähnchen waren, verließen sie uns und gingen auf die gegenüberliegende Straßenseite. Als sie dort angelangt waren, ging ein schätzungsweise dreißig Jahre alter Mann auf die Kinder zu, nahm denselben die Fähnchen aus der Hand und zerriß sie, wobei er in seinem Schweizer Dialekt sagte, ›das ist nichts für euch!‹ (›Da isch nööt für eu!‹)«.

Werner Trapp schreibt dazu: »Zürich – 2. Mai 1937, kein gewöhnlicher Sonntag. Der Stuttgarter, der so scheinbar arglos seine Hakenkreuzfähnchen an Schweizer Kinder verschenken wollte, ist nur einer von rund 11.000 süddeutschen Schlachtenbummlern, die an diesem ersten Mai-Wochenende mit Bahnen, Omnibussen und Privatwagen angereist waren, um das Länderspiel ihrer Mannschaft, der Nationalmannschaft des Deutschen Reiches, gegen die Schweiz auf dem Grashoppersplatz zu verfolgen.

Deutschland im Mai 1937 – ein Land, das die Geburtswehen der nationalsozialistischen Staatsumwälzung von 1933/34 offenbar hinter sich hat. Die Jahre der Krisennot und der Massenarbeitslosigkeit scheinen überwunden, ja im Gefolge der forcierten Aufrüstung und einer blühenden Rüstungskonjunktur macht sich vielerorts bereits ein empfindlicher Arbeitskräftemangel bemerkbar. Die Wiedereinführung der allgemeinen Wehrpflicht 1935 und die ›Befreiung aus den Fesseln von Versailles‹ 1936 hatten das nationale Selbstbewußtsein gestärkt – ›man war wieder wer‹«. Man war wieder wer – nationale Symbole, militärische Rituale, außenpolitisches Auftrumpfen, das Ausweisen von »Sündenböcken« mündete in eine wahnhafte politische Dynamik.

Der Sport war mit von der Partie. Carl Diem, der spätere Leiter der Sporthochschule Köln, inszenierte die Olympischen Spiele 1936 in Berlin, der DFB tat alles, um sich effektiv in das NS-Regime zu integrieren.

Der nationalen Dynamik, die nun auch der Fußball zu fördern hatte (im Rahmen der gleichgeschalteten Verbände hieß es nun »Fachsäule Fußball«), sollte auch das Freundschaftsspiel am 2. Mai 1937 dienen. Zu spät erkannte die Gestapo die Brisanz des Tages und des Ortes. Der 1. Mai war der »Kampftag der Arbeiterklasse«. Im damals mehrheitlich »roten Zürich« richtete sich dieser Tag gegen die Todfeinde der sozialistischen Arbeiterbewegung im deutschen Nachbarland. Dieses Selbst-Bewußtsein entlud sich. So zum Beispiel nach einem Bericht eines Elektromechanikers aus Stuttgart: »Auf der Strecke nach Zürich wurden wir hauptsächlich in Winterthur, man kann sagen auf der ganzen Strecke, mit erhobenen Fäusten empfangen. Kleine Kinder haben gegen uns sogar die Zunge herausgestreckt und lange Nasen gemacht. Auf der Rückfahrt wurden wir mit erhobenen Fäusten und Rot-Front-Rufen empfangen, auch haben uns Passanten mit erhobenem Stock bedroht. In Winterthur wurde uns Dreck in den Wagen geworfen. Frauen haben uns nachgeschrien: ›Fahret ab, Ihr Sauchaib!‹ und anderes mehr. Wir konnten nicht alle Schimpfrufe verstehen, weil der Wagen in Fahrt war. Ein typischer Jude, der am Wege stand, hat uns sogar beide Fäuste entgegengehalten, was er dabei geschrien hat, habe ich nicht verstanden.«

Ein 37jähriger Polizeihauptwachtmeister aus dem oberschwäbischen Ravensburg hatte auf der Heimfahrt eine 30x20 Zentimeter große Hakenkreuzfahne aus dem Omnibus flattern lassen. Er gab zu Protokoll: »Es mag noch in einem Vorort von Zürich gewesen sein, als wir an einer Kaserne vorbeifuhren. Verschiedene vor der Kaserne sich aufhaltende Personen, darunter auch Soldaten, erhoben die geballten Fäuste und spien gegen uns. Man konnte vielmals Pfuirufe hören. Sämtliche Fahrtteilnehmer hatten das Gefühl, daß auf der Heimreise noch manches kommen könnte ... Kurz nach 19 Uhr trafen wir in Winterthur ein. Die Strassen waren zu beiden Seiten dicht mit Menschen angefüllt. Diese gebärdeten sich wie die Wilden, und es war ein fortwährendes Gejohle, Pfeifen und wüstes Geschrei zu sehen und zu hören. Hunderte zeigten ihre geballten Fäuste. Es fielen Schmährufe, insbesondere Pfuirufe gegen uns. Viele Personen spuckten gegen das Fahrzeug. Mehrere Demonstranten zeigten uns ihre Kehrseite. Vielfach wurde mit Steinen nach uns geworfen und der Omnibus getroffen ohne das Fahrzeug zu beschädigen. Man konnte ohne weiteres annehmen, daß es sich um eine Demonstration gegen uns Deutsche handelte, die organisiert war.«

Besonders verärgert zeigte sich die Gestapo Stuttgart in ihrem Bericht ans Gestapo-Hauptamt in Berlin über die Verhältnisse in Schaffhausen. Dort regierte seit 1933 ein Mitglied der Kommunistischen Partei/Opposition: Walter Bringolf war Stadtpräsident und wurde besonders von den Arbeitern der Industriequartiere mit kurzen Unterbrechungen immer wieder gewählt. »Am schwersten zu beanstanden sind die Vorgänge in Schaffhausen: Die zurückkehrenden Deutschen hatten dort den Eindruck, in ›Feindesland‹ zu sein. Bei der Einfahrt stand eine größere Anzahl von Personen, die jeden deutschen Wagen beschimpfte. Der dabeistehende Polizist ließ dies ruhig geschehen. Der Sonderzug, der den Bahnhof Schaffhausen berührte, wurde von den dort Versammelten mit Schmährufen, kommunistischem Gruß usw. empfangen. Mehreren Deutschen wurden ihre Fähnchen entrissen, die Fahnen zerfetzt und dann über das Gesäß gefahren. In der Nähe von Schaffhausen waren nachts zwei große Brandstellen fast über die ganze Straßenbreite gelegt.«

Den deutschen Fußballern (sie gewannen 1:0) erging es damals nicht anders als anderen deutschen »Mannschaften«, die nach 1933 das Ausland besuchten – so auch den Berliner Philharmonikern, die in London oder auch in der Schweiz mit politischem Widerstand gegen die NS-Politik konfrontiert wurden. Vielleicht waren solche Erfahrungen ausschlaggebend für das oft zitierte »bescheidene«, in jedem Fall aber moderate Auftreten nicht nur der Spieler, sondern auch der meisten deutschen Schlachtenbummler in der Schweiz 1954. Es gab allerdings auch andere, die mit Sprüchen wie »Die Welt wird noch über uns staunen!« oder »Wir Deutsche kommen wieder« in der Schweiz für Unmut und Zorn sorgten.

Anlaß für Unmut und Vergleiche mit der NS-Zeit boten Fußballspiele und -fans auch schon vor der Weltmeisterschaft. In seinem 1953 erschienenen Roman »Treibhaus« läßt Wolfgang Koeppen seine Figur Keetenheuve im Kino eine Wochenschau sehen: »Der Sport versöhnt die Völker. Zwanzigtausend starren auf einen Ball. Es ist höchst langweilig. Aber dann holt das Teleobjektiv der Filmkamera einzelne Gesichter aus den zwanzigtausend heraus: erschreckende Gesichter, verkrampfte Kinnladen, haßverzerrte Münder, Mordgier im Blick. *Wollt ihr den totalen Krieg? Ja ja ja.*«

»Wenn der Zug nicht hält, setzen wir uns aufs Gleis«

HORNEN UND JUBELN IN JESTETTEN, SCHAFFHAUSEN UND GOTTMADINGEN

In Jestetten herrschte Aufregung. In der kleinen deutschen Enklave im Gebiet des Kantons Schaffhausen sollte der Diesel-Sonderzug mit den Weltmeistern durchfahren, ohne anzuhalten. Als die Ankunftszeit bekannt wurde, strömten Kinder, Arbeiter aus den naheliegenden Betrieben, Hausfrauen, Bauern – von denen viele noch ihre Arbeitskleidung anhatten – zum Bahnhof. Die Mitglieder der Vereine holten ihre Fahnen. Immer lauter wurde die Frage, ob der Zug denn nicht doch anhalten würde? Der Bahnbeamte Konrad Jenny telefonierte nach Zürich: »Kein Halt« war die Antwort, weil in Singen ein Empfang vorbereitet werde und der Zug deshalb keinesfalls Verspätung haben dürfe. Plötzlich tauchte eine Gruppe des Sportvereins Jestetten auf. Dessen Leiter, Leo Straub, sagte: »Wenn der Zug nicht hält, setzen wir uns aufs Bahngleis.« Konrad Jenny meldete diese Drohung nach Zürich – und tatsächlich: Der Zug sollte für wenige Minuten in Jestetten anhalten!

Kurz vor der Einfahrt des Sonderzuges fuhr ein Schnellzug durch. Nur durch eine Menschen-Sperrkette konnte verhindert werden, daß jemand zu Schaden kam. Dann war es so-

Bahnhof Jestetten, 5. Juli 1954

weit. Der rote Sondertriebwagen mit der Aufschrift »Fußball-Weltmeister 1954« fuhr ein. Es öffneten sich Türen und Fenster, die Spieler schwenkten Wimpel und Flaggen. Fritz Walter hob den Weltmeister-Pokal hoch – da »kannte die Begeisterung keine Grenzen mehr« (Südkurier, 7. Juli 1954). Die Menge, die zum Teil auch aus anderen Gemeinden mit Autos, Motorrädern und Fahrrädern herbeigeeilt war, jubelte. Kinder hielten Blumensträuße, kleine Pakete wurden in die Höhe gestreckt. Bürgermeister Holzscheiter reichte der erstaunten Mannschaft zwölf eigens angefertigte Bronzeschalen herauf, die auf der Vorderseite das Wappen und die Inschrift »Jestetten« und auf der Rückseite die Worte »dankt Ihnen« trugen. Mit großen Blumengebinden der Jestetter Gärtnereien fuhr der Zug weiter.

»Als wir gestern am Montagnachmittag die Mitteilung erhielten, daß gegen 5 Uhr die deutsche Fußball-Nationalmannschaft, die über das Wochenende im Endspiel um die diesjährige Fußballweltmeisterschaft überraschend das bessere Teil für sich behalten konnte, auf ihrer Rückreise Schaff-

hausen berühren würde, da dachten wir zunächst nicht im entferntesten daran, daß aus dieser Durchfahrt eine große Geschichte werden könnte. Auf dem Bahnhof mußten wir dann recht schnell feststellen, daß wir uns geirrt hatten.« So eröffnete die sozialdemokratische Schaffhauser »Arbeiter-Zeitung« am 6. Juli 1954 ihren Bericht unter der Überschrift: »So werden Fußballweltmeister empfangen.«

Schaffhausen

Seite 39:
Jubel an der Strecke nach Gottmadingen

Zwischen jeder Zeile steht das kritische Stirnrunzeln des Redakteurs. Er beschreibt die »Ankunft des blumengeschmückten Dieseltriebzuges, der zum Überfluß noch in riesigen Lettern die Aufschrift trug ›Fußball-Weltmeister 1954‹«. In Schaffhausen überreichte der Präsident des Fußballklubs Schaffhausen »der Mannschaft im Namen des Schweizerischen Fußball- und Athletikverbandes als Abschiedsgruß einen prächtigen Blumenstrauß mit schwarz-gelber Schleife«, schrieben die weniger kritischen »Schaffhauser Nachrichten« am 6. Juli.

Die Fußballvereine aus dem Landkreis Konstanz hatten ihre Präsidenten geschickt. Aus Singen war Walter Kellhofer, der Präsident des FC 04 gekommen. Kellhofer stand in

Vor der Landmaschinenfabrik »Fahr« bei Gottmadingen

PER
FUSSBALL-

Vor der Landmaschinenfabrik »Fahr«

gutem Ansehen, weil er im April 1945 in der Schweiz geheime Verhandlungen mit den herannahenden Franzosen über eine kampflose Übergabe der Stadt geführt hatte. Später wurde er von den Franzosen interniert. Sie warfen ihm vor, Zwangsarbeiter, die in seinem Betrieb beschäftigt waren, schlecht behandelt zu haben.

An jenem 5. Juli regierte aber der Blick nach vorn. »Alles schien vom Taumel erfaßt zu sein«, schreibt die AZ. Einen »unerhörten Empfang« sollten die Weltmeister auf deutschem Gebiet erleben, über den die AZ rückblickend sagte: »Obwohl für uns wenige Schweizer Journalisten, die wir die ganze Fahrt mitmachen konnten, das ganze ein völlig ungewohntes Schauspiel war, konnten wir uns der Empfindung nicht entschlagen, wieviel schöner es doch wäre, wenn wenigstens etwas von dieser überbordenden Begeisterung auch noch auf andere, für Deutschland und die Welt wichtigere Dinge übertragen würde!«

»Daß die Heimreise der Weltmeister-Elf ein Triumph-Zug werde, konnte man sich vorstellen; was wir aber nur von

Gottmadingen bis Konstanz sahen, übertraf alle Erwartungen. Gottmadingen bildete den Auftakt. Musikkorps auf dem Bahnhof, Fahnen, Blumen. Die Belegschaft der Fahr-Werke stellte an die zwanzig Traktoren auf; alle hornten bei der Durchfahrt des Zuges. Der Lärm steigerte sich, als selbst die Fabriksirenen in das ungewohnte Konzert einstimmten. Alle entgegenkommenden Züge begrüßten den Extrazug mit Signalpfeifen. Entlang den Schienen standen Leute auf Wagen, Kisten, auf der Bahnböschung und versuchten, wenigstens einen der Spieler zu entdecken.« (Schaffhauser Nachrichten, 6. Juli 1954) Vor den fast 3000 Fahr-Arbeitern hing ein Transparent: »Wir Fahrianer gratulieren.« Vom Lehrling bis zum Direktor war alles angetreten.

»In Singen ein Orkan der Begeisterung«

RIESENTORTEN, EHRENJUNGFRAUEN UND JEDE MENGE MAGGI

»Was in Gottmadingen eine kleine Einführung war, steigerte sich in Singen ins Kolossale«, schrieben die »Schaffhauser Nachrichten«. Rund 25.000 Menschen waren nach einer zeitgenössischen Schätzung an jenem Montagnachmittag auf dem Singener Bahnhof. Singen selbst hatte damals gerade 25.000 Einwohner – allerdings standen die Zeichen auf Wachstum: Oberbürgermeister Theopont Diez (CDU) sprach im Gemeinderat bereits von der Zahl 50.000, die man erreichen wolle.

»Ist es nicht schön, in dieser lebendigen Stadt zu leben, die vibrierende Aktivität atmet und im gleichmäßigen Rhythmus organisch wächst?« Der Südkurier berichtete am 28. August 1954 über den neuen Stadtbebauungsplan. »Singen kann«, schreibt der Architekturkritiker Thomas Wittenmeier, »als eine Stadt der fünfziger Jahre bezeichnet werden«. Verantwortlich dafür ist Hannes Ott , der die Singener Stadtplanung von 1952 bis 1981 prägte. Ott hatte ein Konzept: die nach Funktionen gegliederte Stadt – und er hatte den eisernen Willen, seine Vorstellungen durchzusetzen. Singen, das Bauerndorf, war Ende des 19. Jahrhunderts Industriestadt

Proviant für den Speisewagen

geworden. Während im nahegelegenen Hilzingen, einem reichen Dorf, ein Eisenbahnverein lautstark für einen Anschluß an den Ort warb, herrschte in Singen Schweigen. Trotzdem wurde aus geografischen Gründen die Strecke über Singen geführt..

Schweizer Unternehmen wurden neugierig auf die erste Station hinter der Grenze. Julius Maggi (1846-1912) kam als erster. Er umging die Hochzollpolitik des Deutschen Reiches und begann 1887 eine Abfüllstation für seine Maggi-Würze einzurichten. Mit der Würze eingebracht hatte Julius Maggi auch seine Vorstellung von moderner Sozialpartnerschaft. So belehrte er 1907 seine wilhelminisch denkenden deutschen Geschäftsführer, daß die Arbeiter Partner seien. Regimentston gäbe es in Deutschland genug. Auf sein Betreiben hin wurde 1907 der freigewählte Arbeiterausschuß anerkannt. Das war der erste Schritt auf dem Weg zu einer im Deutschen Reich außergewöhnlichen Sozialpolitik. Der Dank, den Julius Maggi von den Konsumgenossenschaften der Gewerkschaften erhielt: Sie verzichteten darauf, selbst Fertignahrungsmittel zu produzieren. Maggis Produkte ka-

men reichsweit in die Regale der damals einzigen »Kette«: der Konsumläden.

Neben Maggi profitierten noch zwei weitere schweizerische Unternehmen von den billigen Arbeitskräften in Süddeutschland und von den billigen Grundstückspreisen: Käse, Schokolade, Zigaretten und natürlich auch Maggi-Würfel mußten in Aluminiumfolie eingewickelt werden. Deswegen siedelte sich 1912 ein Aluminiumwalzwerk aus dem schweizerischen Kreuzlingen an. Alu-Profile und Alufolien werden seither in Singen hergestellt. 1895/96 baute die Georg Fischer AG aus Schaffhausen hier eine Niederlassung. Die Fittings, die Rohrverbindungsstücke aus Singen, die hier gegossen wurden, verbanden in ganz Deutschland die gerade flächendeckend eingeführten Wasserleitungen, die Gasleitungen, die Kanalisationen und die Heizungen.

Die Alt-Singener rieben sich fünfzig Jahre lang die Augen angesichts der rasanten Industrialisierung. Nach einer langen Phase einer eher unsystematischen Stadtplanung kam 1952 Hannes Ott. Er hatte die Stadt von morgen im Kopf. Und er plante, als die ganze Welt für planbar befunden wur-

de. Seine Spuren sind riesige Straßen, einfache Neubausiedlungen, Fragmente einer »großstädtischen Skyline«. Er holte sich seine Anregungen auf Reisen in die USA und nach Südamerika. Chicago und Brasilia waren ihm wichtige Vorbilder. Seine Planung sah zwischen Singen und Radolfzell eine Bandstadt vor – links und rechts der Eisenbahnlinie große Rechtecke mit Industrie-, Wohn- und Grünflächen. Er war so angetan von diesem Plan, daß er im Badezimmer seines Eigenheims die Bandstadt-Planung auf den Fußboden fliesen ließ.

Als Krönung seiner Planung verstand er das Rathaus. Um Platz dafür zu schaffen, wichen fast 25 alte Häuser. Es sollte Mittelpunkt der städtischen Verkehrsachsen werden. »Die Eigengesetzlichkeit des Kraftfahrzeugverkehrs wird heute erkannt und muß bei der Planung entsprechend berücksichtigt werden«, schrieb er in einem Grundsatzartikel. »Die Einheit von Straße und Bebauung kann nicht mehr verantwortet werden ... Die Straße ist auch nicht mehr der Ort der Begegnung der Einwohner einer Gemeinde; Gemeinschaftsanlagen als Stätten der Begegnung sind geplant.« Die auto-

Stehend von links: Hans Schäfer, Max Morlock, Horst Eckel, Karl Mai

gerechte Stadt – eine Idee, aus Amerika importiert, die in den fünfziger Jahren als besonders modern und fortschrittlich galt. In Deutschland setzte gerade die erste Phase der Motorisierung ein: Mopeds, Motorroller, Kleinstwagen mit abenteuerlicher Konstruktion, aber auch schon Volkswagen, Opel und Mercedes begannen Straßen und Städte zu beherrschen.

1954 hatte Singen auch noch ein großes, berühmtes Hotel, das »Central«, ein Jugendstilbau der Jahrhundertwende. 1960 wurde es abgerissen; es wich einem Supermarkt – auch das eine sehr moderne Karriere. Das Gästebuch ist erhalten. Darin sind u.a. auch Eintragungen von Fußballmannschaften, die in Singen auf dem Weg in die Schweiz übernachteten. Im Oktober 1942 war hier schon einmal eine deutsche Nationalmannschaft gewesen, darunter auch Sepp Herberger und Fritz Walter. Neben das obligate »Heil Hitler« unter dem offiziellen Text hatten spätere Besucher wütend dreimal »Shalom!« geschrieben. Im April 1951 nahm der 1. FC Nürnberg Quartier; im Text über den Spielernamen (darunter auch Max Morlock) heißt es: »Zwölf ereignisreiche Jahre lie-

Bahnhof Singen, 5. Juli 1954

Singener Bahnhof

gen zwischen unserem letzten Besuch in Singen im August 1939 und dem von heute.«

Nach 6000 Bahnsteigkarten hatte der Bahnhof den Verkauf an die Fans eingestellt. Begeisterte Jugendliche kletterten auf die Bahnsteigdächer. Das Bahnhofsgelände sah nachher aus, als ob dort und nicht in Bern das Endspiel stattgefunden hätte. Dabei war alles so schön geplant gewesen: Am Morgen um 10.00 Uhr hatten sich im Rathaus die Vertreter der Stadt, des Fußballclubs Singen 04, des Stadtausschusses für Leibesübungen mit Musikdirektor Stock und Oberinspektor Hügle getroffen. Man beauftragte »Radio Schellhammer«, mit einem Lautsprecherwagen durch die Stadt zu fahren, um die Bevölkerung auf den Empfang der Weltmeister um 17.00 Uhr hinzuweisen. Stadtgärtner Mandella wurde zum Ausschmücken des Bahnsteigs mit Blumen geschickt. Den Rest sollten Stadtbauamt und Bahn gemeinsam besorgen.

Bei der Stadtmusik hatte man lange überlegt, ob man die Nationalhymne oder einen Marsch spielen sollte. Die Stadtmusiker kamen zum Schluß, daß die Nationalhymne schon

angebracht sei, da der Zug in Singen ja zum ersten Mal in Deutschland empfangen werde – von dem nicht ganz freiwilligen Halt in Jestetten wußte man zu der Zeit noch nicht. Doch es kam alles anders. Der Zug versinkt in einem »Orkan der Begeisterung«. Die Stadtmusiker haben die Noten der Nationalhymne aufgesteckt, können in dem Gedränge aber kaum die Arme bewegen, noch weniger die Noten ablesen – und die Nationalhymne kann keiner auswendig! So improvisierten sie und spielten zwei Märsche, die sie auswendig konnten: »Auf dem Bodensee« und »Schönster Land in Deutschland«. Der sorgfältig vorbereitete Willkommensgruß des Oberbürgermeisters geht unter. Er spricht zwar ins Mikrophon, aber nur die Umstehenden verstehen ihn. »Herr Oberbürgermeister Diez versuchte im Lärm der riesigen Volksmasse, die über die Perrons hinaus bis auf den Bahnhofsplatz reichte, eine Ansprache zu halten. Sie ging aber im Begeisterungssturm unter«, beobachteten die »Schaffhauser Nachrichten« genau.

 Die Jugendlichen springen von den Bahnsteigdächern auf den stehenden Zug. Eine riesiger Baumkuchen, den Eugen

Der Zug nähert sich

Graf von der Konditorei Graf mitgebracht hat, wird mit Mühe in den Zug hineingereicht.

»Kleider machen Leute« – dieses Motto bewahrheitet sich für zwei Steißlingerinnen und einen Steißlinger. In Steißlingen, dem Nachbardorf von Singen, feierte der Gesangverein über das Wochenende sein fünfzigjähriges Bestehen. 24 Ehrenjungfrauen verliehen dem Ereignis seinen Glanz. Roman Kuppel, der Festdamenführer, verfügte als Fuhrunternehmer über einen fahrbaren Untersatz. Da kam ihm die Idee, zusammen mit zwei der Ehrenjungfrauen an den Singener Bahnhof zu fahren, um mit den beiden Auserwählten der Weltmeister-Elf zu huldigen. Und siehe da: Der festliche Schmuck der beiden eröffnete ihnen und dem Festdamenführer einen Weg zum roten Sondertriebwagen, wo sie ihre prachtvollen Rosensträuße den Spielern überreichen durften.

Noch größeren Erfolg auf dem Bahnsteig hatte eine Delegation der Maggi-Werke, eine Gruppe von »Mädchen ... in ihren blütenweißen Arbeitskleidern« (Südkurier, 6. Juli 1954). Diese brachten den Spielern besondere Geschenke: Gemeinsam mit dem damaligen Personalchef Spindler und Werksdi-

Baumkuchen aus der Konditorei Graf

rektor Dr. Hefti überreichten sie den Spielern eine Palette der neuesten Maggi-Produkte. Eintöpfe und Suppenwürfel sollten den Spielern schmecken, wer Leistungen erbracht hat, soll auch gut und »modern« essen können – und ein bißchen Reklame machen dürfen. Und für seine Werbung war Maggi berühmt, seit um 1895 Frank Wedekind als Texter engagiert worden war.

Der Sportjournalist Helmut Landefeld beschreibt die Ereignisse am Singener Bahnhof in seinem Buch »Helmut, erzähl' mich dat Tor« besonders plastisch. Seine Überschrift: »Lebensmüde am Bahnsteig« ...

»Gegen 17.30 Uhr hielt mein D-Zug in der Maggi-Stadt Singen. Der ganze Bahnhof ist schwarz von Menschen. Hier sollen die Berner Helden zum ersten Mal deutschen Boden betreten. An den Brücken hängen die Leute wie Trauben, an den Bogenlampen wie Fliegen am Fliegenfänger. Die ganze Stadt ist auf den Beinen, die Kapelle der Freiwilligen Feuerwehr trägt Gala-Uniform, die Herren der Stadtverwaltung Cuts. So haben sie schon Kaiser Wilhelm empfangen. Ehrenjungfrauen in weißen Kleidern und Berge von Blumen. Die

FUSSBALL-WELTM
STER 1954

Polizei hat den Sturmriemen unter dem Kinn, Bahnbeamte knipsen in einer Stunde mehr Bahnsteigkarten als im ganzen Jahr. Scheinwerfer stehen auf dem Bahnsteig. Fürwahr die richtige Kulisse für den Film, der in den nächsten zehn Minuten hier ablaufen sollte. Mein D-Zug läuft auf Bahnsteig 3 ein. Nach fünf Minuten nähert sich der Sonderzug der Nationalmannschaft. Ein roter Triebwagen mit Riesenlettern an der Längsseite: ›Weltmeisterschaft 1954‹. Ein Geschrei setzt ein, daß sich die Signale von selbst zu bewegen, die Schienen zu biegen scheinen. Sämtliche Lokomotiven im Bahnhof beginnen zu pfeifen. Langsam fährt der Sonderzug auf Bahnsteig 2 ein. Polizei und Beamte fluchen, die Feuerwehrkapelle spielt irgendeinen Marsch. Die Menge sieht und hört nichts mehr, sie durchbricht jede Absperrung, die Fetzen fliegen. Männer stehen plötzlich ohne Jacke, Mütter ohne Kinder da, alles stürmt den Bahnsteig. Ein Run beginnt, gegen den das Stürmen der Kohlenzüge in der Not vor der Währungsreform ein harmloses Kaffeekränzchen war. Der Sondertriebwagen mit den Kickerhelden kann nicht mehr vor und zurück.

Steißlinger Ehrenjungfrauen mit Damenführer

Es muß wohl furchtbar heiß gewesen sein in meinem Abteil. Denn in diesem Augenblick habe ich eine Idee, auf die nur ein Lebensmüder kommen kann. ›Nimm deine Sachen, steige aus und versuche von hinten in den Sonderzug zu kommen, denn hinten steht ja noch keiner.‹ Ich trabe also los, Hut auf, Mantel an, in der Linken meine Reiseschreibmaschine, rechts meinen Koffer. Zehn Meter bin ich vom Sonderzug entfernt, da entdeckt mich die Meute.

Über die Gleise folgt sie mir nach. Tausend Leute drängen und schieben, drücken mich gegen den Sonderzug. Ich schwitze, kein Wunder, mit Hut und Mantel, bepackt wie ein Maulesel. Wir stehen auf der Rückseite des Zuges. Aber es zeigt sich kein einziger der Spieler, kein Fenster tut sich auf. Einige Jugendliche sind schon auf dem Dach des Zuges.

Endlich erscheint Kohlmeyer am Fenster, aber ich kann nicht zu ihm, ich habe Koffer und Schreibmaschine. Kohli gibt Autogramme. Das zweite Fenster öffnet sich genau über mir, Berni Klodt und Max Morlock. ›Berni, Berni, mach doch mal die Tür auf, laß mich rein!‹ ›Jetzt doch nicht‹, sagt Berni und gibt in grünen Hemdsärmeln leutselig Autogramme.

Hat der es gut, ihn drängt niemand, er hat keine zwei Gepäckstücke und einen Mantel an. Jetzt kommen die anderen, Paul Mebus, Toni Turek, Helmut Rahn. Nun ist alles aus. Jemand tritt vor meine Schreibmaschine, einer reißt mir den Koffer aus der Hand und stellt sich drauf. Mein Hut, auch mein Hut! Er kommt unters Fußvolk. Bücken ist unmöglich, wäre in diesem Falle direkter Selbstmord.

Damen der Maggi-Abteilung »Aufmachung«

Es hilft nur noch rohe Gewalt. Ich schlage um mich, bekomme einen Augenblick Luft. Über mir schimpft Helmut Rahn und läßt sich feiern. ›Boß, was ist los?‹ schreie ich. ›Mensch, bin ich froh, wenn ich wieder zu Hause bin. Den ganzen Tag diese Schau. Meine Frau und der Junge warten. Sie haben mich jetzt schon fast drei Monate nicht mehr gesehen!‹

Und dann stehe ich wieder an die Wagenwand gepreßt, daß ich den Kopf nicht mehr nach oben heben kann, mit Mantel und Schreibmaschine. Dabei wollte ich doch in den Sonderzug. Ein Mann drängt sich vor. ›He Fritz!‹ Fritz Walter sieht ihn und sie versuchen, sich in die Arme zu fallen, aber der Höhenunterschied zwischen Abteilfenster und Bahnsteig

Am Bahnhof in Singen

läßt es nicht zu. Der Mann ist Hans Graf, der ehemals so berühmte Jagdflieger, mit dem Fritz Walter während des Krieges bei den ›Roten Teufeln‹ Fußball spielte. Fritz muß in Deckung, ganze Blumenfelder fliegen in sein Abteilfenster. Graf schreit: ›Fritz, wann kommst Du, wir laden Euch alle ein!‹ Der winkt ab: ›Was meinst Du, wer uns nicht alle eingeladen hat. Wir müßten schon ein ganzes Jahr freihaben!‹ Alles weitere geht unter in einem Ruf aus zehn Kehlen: ›Herberger! Herberger!‹ Der Seppl kommt ans Fenster, Tausende geraten in ein Delirium der Freude. Mein Ohr blutet. Ich stehe neben einem Bahnbeamten, dem sie die Mütze vom Kopf geschlagen haben, die Haare hängen ihm wirr ins Gesicht. Ich halte immer noch meine Schreibmaschine, aber mein Mantelgürtel liegt irgendwo in der Menge. Der Beamte kämpft sich nach vorn, ich hinterher und plötzlich stehe ich ganz vorne beim Lokführer. Ich bräuchte nur den Fuß zu heben und wäre im Wagen. Aber die Tür ist verschlossen. ›Los, laß den Mann rein!‹, brüllt mein Vordermann seinem Kollegen zu. Es ginge jetzt, weil sich alles um die drei letzten Fenster schart, wo Herberger gefeiert wird. Da spricht der Lok-

Vor einem Radiogeschäft in Kaiserslautern, 4. Juli 1954

führer mein Urteil, indem er sagt: ›Ich habe keine Befugnis.‹ Es ist wie bei einer Versteigerung. Ich biete fünf, zehn, zwanzig Mark. Der da oben grinst nur höhnisch. Und dann spielt die Kapelle: ›Muß i denn, muß i denn zum Städele hinaus!‹ Polizei macht mit Gewalt die Gleise frei. Die Leute werden brutal zurückgerissen, rohe Gewalt trifft auf rohe Gewalt. Blut fließt, aber sie lachen, sie winken, sie jubeln. Der Triebwagen fährt ab, ohne mich. Die Spieler winken, dann entschwinden sie unseren Blicken. Ein Vater schlägt seinem kleinen Jungen etwas hinter die Ohren, weil er weint. ›Du wolltest ja unbedingt mit, jetzt heul nicht!‹«

Alfred Klaiber war 1954 acht Jahre alt. Der Singener Junge stand auch unter den Jubelnden an jenem 5. Juli 1954. Und er hatte ein Spiel miterlebt: Deutschland gegen Österreich am 30. Juni 1954 in Basel. Im Basler Stadion mußte er ganz still oben auf einem Betonpfosten sitzen, damit er nicht verloren ging und damit er alles genau verfolgen konnte. Er hatte nämlich schulfrei bekommen. Die Bedingung seiner Lehrer: er mußte am nächsten Morgen von Klasse zu Klasse

Bahnhof Singen

gehen und über das Spiel berichten. Wie aus der Vorgeschichte des »Medien-Zeitalters« hört es sich an, wenn Alfred Klaiber über die Fahrten zu den Spielen berichtet.
Der heutige Singener Sportamtsleiter erinnert sich: Als die Sonderzüge am Abend nach den Spielen jeweils wieder an ihren Heimatbahnhöfen eintrafen, wurden natürlich auch die Schlachtenbummler von einer Menschenmenge abgeholt. Sie hatten das Spielgeschehen mit eigenen Augen verfolgt, sie konnten von den Flanken Fritz Walters und von Toni Tureks Hechtsprüngen erzählen. Heute sitzen die Fans vor dem Fernseher mit Farbqualität und Fernbedienung »in der ersten Reihe«. Jeder für sich, Jubel und Atmosphäre sind Angelegenheit der Ton- und Bildregisseure, die Schlachtenbummler sind keine kleinen Helden, denen man zuhört, sie müssen auf andere Art auf sich aufmerksam machen.

Horst Steffens, Historiker am Museum für Technik und Arbeit in Mannheim, beschreibt, wie das »Sportwunder« der Fußballweltmeisterschaft 1954 das »Wirtschaftswunder« förderte: »1954, als das Wunder von Bern geschah, und Rest-Deutschland ... die Fußballweltmeisterschaft errang, begann

die bundesdeutsche Medienindustrie ihren Aufstieg zum weltgrößten Exporteur von Radiogeräten ... Die Folge war die Geburt der modernen Mediengesellschaft noch in den fünfziger Jahren: Die grundlegenden medialen Techniken, die heute verstärkt wirksam sind, konnten damals ausgebildet werden und entfalteten gesellschaftliche Wirksamkeit. Zwischen 1950 und 1960 produzierte die deutsche Industrie 36,05 Millionen Radiogeräte, 11,66 Millionen Plattenspieler und -wechsler, 366,82 Millionen Schallplatten, 3,35 Millionen Magnettonbandgeräte und schließlich kamen in den Jahren 1953 bis 1960 noch 7,60 Millionen Fernsehgeräte hinzu. Diese mediale Aufrüstung und vor allem der mentale Wandel von einer Nation der ›Ohren-Zeugen‹ zu einem Volk der ›Augenzeugen‹ kann nicht allein mit einer stetig gestiegenen Kaufkraft und dem Konsumrausch erklärt werden. Gerade das ›Fern-Sehen‹ vermittelte ein völlig neues Lebensgefühl, war eine andere Kultur, die zunächst ebenso auf Vorurteile stieß wie 1929 die ersten Tonfilme. Der Siegeszug des Fernsehens war – zumindest in seinem Tempo – nicht vorhersehbar, entsprechend vorsichtig planten die Hersteller in

den Anfangsjahren der Geräteproduktion ... Das Medium Fernsehen brauchte eine Lokomotive, um sich durchzusetzen, brauchte den Massenabsatz, um die enormen Kosten der Serienproduktion zu amortisieren – und diese Lokomotive war der Sport, vor allem der Fußball.«

Hermann Brunner-Schwer, der letzte deutsche Eigentümer der SABA, erinnert sich: »Ein sportliches Ereignis verhalf dem Fernsehen zum endgültigen Durchbruch. (...) Alle Spiele wurden über die Fernsehsender ausgestrahlt. Und mit jedem Sieg der deutschen Kicker schnellte die Nachfrage nach Fernsehgeräten nach oben. Handel und Industrie waren schon zum Zeitpunkt des Halbfinales restlos ausverkauft. In den Geschäften spielten sich turbulente Szenen ab. Man schlug sich beinahe um die letzten noch vorrätigen Empfänger. Die Techniker des Handels legten Sonderschichten ein und installierten Fernsehantennen am laufenden Meter.«

Steffens weiter: »Der unmittelbare Nutzen der Eurovisions-Übertragungen läßt sich statistisch nachweisen. Insgesamt stieg die Zahl der bei der Bundespost gemeldeten Gerätebesitzer im Verlaufe des Jahres 1954 um fast das Achtfache,

nämlich von 11.658 auf 84.278. Rechnen wir die Zahl der auch damals recht zahlreichen ›Schwarzseher‹ hinzu, so dürfte die Zahl der Gerätebesitzer zwischen 90.000 und 100.000 gelegen haben. Innerhalb des Jahres wies der Monat Juli mit 22,2 Prozent die höchste Steigerungsrate auf. Trotz dieser positiven Absatzentwicklung blieben die Orte, an denen man kollektiv am deutschen End(spiel)sieg teilnahm, vor allem Kneipen und Femsehgeschäfte. Dies verwundert nicht, denn statistisch waren 1953/54 fast die Hälfte aller Fernsehgerätebesitzer Gastwirte und Rundfunkhändler.«

Und so war die Anfangszeit des Fernsehens auch die Zeit des *gemeinsamen* Fernsehens: vor den Schaufenstern der Händler und in den Gaststuben. Bis dann mit Hilfe von Ratenverträgen der eigene Fernseher kam – und damit die Einsamkeit des Fußballfans, der sich von Sportsendung zu Sportsendung »switcht«, ohne mit jemandem Jubel oder Enttäuschung teilen zu können.

In Radolfzell, der nächsten Station, erhielten die Weltmeister noch nicht die Fernseher, die ihnen von der Fernsehindustrie »als Dank und zugleich als Anerkennung für die

kaum zu überbietende Reklame fürs Fernsehen« telegrafisch versprochen worden waren. Dafür bekamen sie ein Unterwäsche-Set der Firma Schiesser. Die unvermeidlichen Bodensee-Trachtenmädchen lockten mit Wein und wieder »hornten Sirenen« – diesmal von den Schiffen in der Radolfzeller Bucht.

»So etwas hat Konstanz noch nie erlebt«

SPITALWEIN, KUHGLOCKEN UND KINDERTROMPETEN IN DER KONZILSTADT

Einige traditionsbewußte Alt-Konstanzer gingen sicher nicht mit der Überschrift des Südkurier vom 6. Juli 1954 einig. Denn 1415 gab es schon einmal ein Großereignis in Konstanz. Der tschechische Reformator Jan Hus fand seinen Tod auf dem Scheiterhaufen. Anlaß war das Konzil, zu dem Bischöfe, Kardinäle, ein Papst, ein Kaiser – und mehr als tausend Prostituierte nach Konstanz reisten.

Damals war Amerika noch nicht entdeckt, der Handel konzentrierte sich auf's Mittelmeer, die großen Handelswege führten noch über Konstanz. Im Lauf der Jahrhunderte wurde aber alles anders: »Konstanz ist ein verschlaffnes Pfaffennest«, wußte man im 18. Jahrhundert bei der vorderösterreichischen Hoheitsverwaltung. Konstanz lag eben am Rand.

Angesichts dieser Randlage war der 5. Juli 1954 ein außergewöhnlicher Tag. Zuvor hatten sich die Konstanzer auf ihre alte Größe berufen, damit der »Triumphzug« von Radolfzell aus nach Konstanz und wieder zurück nach Radolfzell fuhr. Bereits um 18 Uhr ist der Verkehr auf dem Bahnhofsplatz lahmgelegt. Menschentrauben sind auf dem Dach der gerade neuerrichteten Bahnhofs-WCs, auf den Kartenhäuschen und

auf der Bahnhofshalle. Auf einem Baugerüst hält sich ein Junge an einer Latte fest – und saust mit ihr zu Boden. Als die Bahnsteigkarten ausgehen, kaufen sich ganz Findige eine Fahrkarte zu dem zwei Kilometer entfernt liegenden Stadtteil Petershausen – und kommen so durch die Sperre.

Als ein Zug einfährt, bricht Jubel aus. Kuhglocken bimmeln, Kindertrompeten quäken. Zu früh gejubelt: aus einem Personenzug steigen nur einige verblüffte Pendler aus. Die Polizei wird überrannt, der für den offiziellen Empfang vorgesehene Platz von der jubelnden Menge in Besitz genommen. Reisende holen Polizisten zu Hilfe, damit sie an ihre Züge gelangen. Ein Beamter scheucht Leute mit der großen Flüstertüte zur Seite. Nicht jeder ist Weltmeister geworden an jenem Abend, es gibt Reisende, die wollen schlicht in den Schwarzwald fahren oder nach Stuttgart.

Die Musiker der Stadtkapelle schieben sich mit ihren Instrumentenkoffern unter dem Arm dem Bahnsteig zu. Anders als ihre Singener Kollegen hatten sie sich nie vorgenommen, die noch unvertraute Nationalhymne zu spielen. So erklingt routiniert ihre schmetternde Marschmusik bei der

Im Vordergrund: Horst Eckel, Toni Turek, Hans Schäfer

Am Konstanzer Bahnhof. Blick in die Innenstadt

Einfahrt des Zuges. 18.32 Uhr: der Sondertriebwagen hält fahrplanmäßig an. Regierungspräsident, Oberbürgermeister und Bürgermeister wollen ihre vorbereiteten Reden loswerden. Aber wo?

Irgendwie gelingt es, immerhin die Vereinsnadeln des FC/VfR Konstanz zu überreichen. Das Buch »Unser Konstanz« findet seine Abnehmer. Die Stadt hat Spitalwein und belegte Brötchen gestiftet. Die kleinen Fußballer im Sportdreß des Konstanzer FC werden einfach über den Haufen gerannt. Scheiben gehen zu Bruch. Die Weltmeister winken mit Blumensträußen: Turek, die beiden Walters, Hans Schäfer, Jupp Posipal. Dazwischen Sepp Herberger und der Generalsekretär des Deutschen Fußballverbandes, Xandry.

Der Zeiger der Bahnhofsuhr rückt langsam auf 18.55 Uhr. Die Spieler lachen. Sie beißen in die Brötchen – »mit gutem Appetit«, wie der Südkurier ganz sicher weiß. Langsam setzt sich der Triebwagen wieder in Bewegung. Ein Jubelschrei zum Abschied, der verlängert wird über den Susosteig und die Rheinbrücke: da hatten sich diejenigen versammelt, die auf dem Bahnhof keinen Platz mehr fanden.

Bahnsteig in Konstanz

Der Südkurier ganz realpolitisch: »Das war der Empfang der Fußballweltmeister 1954 in Konstanz ... Und es mag einige geben, die sich über die mangelnde Organisation beklagen. Andere hätten gewünscht, daß die Mannschaft schnell den Zug verlassen und sich allen gezeigt hätte. Aber das wäre in der Praxis kaum möglich gewesen. Denn den Rückweg zum Zug hätten die allzu tollen Neugierigen versperrt. Vielleicht kam auch alles etwas zu schnell und so blieb kaum richtig Zeit, um genaue Überlegungen anzustellen ... Aber wenn wieder ein Weltmeister in Konstanz erscheinen wird, dürfte es klappen. Gestern hat man die notwendigen Erfahrungen gesammelt!«

Feiern, wie die Feste fallen – getreu diesem Motto ging man mit dem Wein-Stand um, den einige aufgestellt hatten für den Fall, daß die Weltmeister aussteigen. Der Südkurier beschrieb die Folgen: »Der Weintisch kam ins Rutschen und die gefüllten Gläser liefen aus. Sie wurden wieder gefüllt. Aber die Spieler kamen nicht. Darauf nahmen sich die Umstehenden des Weines an. Sie tranken viel und ließen den Weltmeister öfters hochleben.«

DIE FAHRT NACH LINDAU, EIN ZERRUPFTES HOTEL UND MARKIGE WORTE

Weniger Erfolg als die Fans in Jestetten hatte ein Fußballclub im Landkreis Konstanz. Als ein Halt des Zuges in der Kreisgemeinde abgelehnt wurde, fragte er an, wieviel Strafe es koste, wenn man den Zug auf freier Strecke mittels einer roten Fahne anhalte. Die Vereinskasse wurde geschont; von einer roten Fahne ist nichts überliefert.

Wie sich ein Bahnpolizist erinnert, waren die Bahnhöfe tatsächlich schwarz vor Menschen. Er hört auch noch die Musikvereine in den Bodenseegemeinden ins Horn stoßen. Er und seine Kollegen hatten alle Hände voll zu tun, um die Türen von innen gegen jubelnde Eindringlinge zu schützen. Als der Zug durch Ludwigshafen am Bodensee rollte, griffen einige Schützen zu den Waffen. Er feuerte Böllerschüsse in die Luft, um den Weltmeistern beim Vorbeifahren ein akustisches Signal zu geben.

In Bermatingen verlangsamte der Zug seine Fahrt. Hunderte von Bermatingern standen am Bahnhof und winkten. »Ich glaube, die Weltmeister hatten die Vorhänge zugezogen«, erinnert sich Oswald Burger am 15. Februar 1994. »Oder war es die Königin Elisabeth, die immer wieder auf

Schloß Salem fuhr? Ihr Mann, der Prinz Philipp, ist dort zur Schule gegangen.«

Normalerweise fanden die Bermatinger so nie zusammen: Nördlich der Bahnlinie wohnten etwa 800 Alt-Bermatinger, südlich der Bahnlinie wohnten etwa 200 Heimatvertriebene. »Für 50 Pfennig pro Quadratmeter hatte der Markgraf von Baden hier die Grundstücke verkauft. Es waren lauter Siedlungshäuschen. Jede Familie mußte ein Stück Großvieh oder drei Schweine halten. Unten war eine Zwei-Zimmer-Wohnung. Die obere Wohnung war vermietet. Das war nach dem Lastenausgleich so vorgeschrieben.« Und die Heimatvertriebenen wurden überall nicht unbedingt mit offenen Armen aufgenommen, ganz zu schweigen vom Neid wegen des Lastenausgleichs und der neuen Wohnungen – auch das gehört zum Klima dieser Jahre.

Ankunft in Lindau. Von links: Fritz Walter, Werner Liebrich, Ottmar Walter

5.000 bis 6.000 begeisterte Friedrichshafener erwarteten dann den Zug am Stadtbahnhof. Einige ragten hoch aus dem Gedränge. Sie hatten Fässer aus der Bahnhofswirtschaft gerollt und waren dann draufgeklettert.

Von links: Max Morlock, Karl Mai, Toni Turek, Hans Schäfer

Für 20.12 Uhr war die Einfahrt des Zuges angekündigt. Bereits um 18 Uhr setzte jedoch Gedränge ein. Auch das Stadtorchester durfte nicht fehlen. Damals gab es noch jede Menge Live-Musik …

Die Schwäbische Zeitung schreibt (7. Juli 1954) »… schließlich machte die Begeisterung der Menge alle Empfangsvorbereitungen zunichte und all die Wartenden vor dem Bahnhof erblickten nicht viel mehr, als einen kurzen Augenblick den Trainer der Mannschaft, Sepp Herberger, und Fritz Walter, der das Geschenk der Stadt übernahm und sich für den stürmischen Empfang bedankte.« Die Friedrichshafener spendierten Sekt. Stadtrat Sommer schaffte es, 15 Flaschen in dem Tohuwabohu heil an den Zug zu bringen.

»Die ›Fußballkönige‹« sahen »leicht ermüdet aus dem Abteil«, bemerkt die Schwäbische Zeitung. »Sie hatten schließlich schon eine Triumphfahrt von Schaffhausen an hinter sich und eine doppelt so lange noch vor sich, kein Wunder, daß sie auf alle Begeisterungsschreie nicht mehr mit der gleichen Begeisterung reagierten.« Trotzdem waren die Fans begeistert. Der Südkurier brachte es auf den Punkt: »Seit den

DFB-Funktionär Huber, Max Morlock

großen vergangenen Tagen der Luftschiffe hat in Friedrichshafen kein Ereignis mehr Menschen auf die Beine gebracht.«

Der erste Tag der Triumphfahrt näherte sich seinem Ende. Als Übernachtungsort war Lindau am Bodensee ausgewählt worden. Bereits nach Bekanntgabe des Sieges von Bern »schlug ein braver Mann in Lindau vor Begeisterung so heftig auf seinen Radioapparat, daß der Kasten in Trümmer ging. Das sei ihm die Freude wert gewesen, erklärte er schlicht.« Als dann noch die Nachricht eintraf, daß die frischgebackenen Weltmeister eine Nacht in Lindau verbringen würden, »gerieten die Insulaner vollends aus dem Häuschen«. Teilweise liefen Menschen begeistert aus Lokalen und fielen »erstaunten Besatzungssoldaten« um den Hals.
Im Verkehrsverein und bei der Stadtverwaltung setzte eine fieberhafte Tätigkeit ein, um einen würdigen Empfang vorzubereiten.

Als dann die Weltmeister eintrafen, wurden die begeisterten Lindauerinnen und Lindauer auch aus relativ weiter Umgebung unterstützt: Die Schwäbische Zeitung sah »halb

Links: Fritz Laband, Mitte: Hans Schäfer

Oberschwaben« auf der Insel. Dazu kamen noch zahlreiche Urlauber, die sich gerade im Bodenseegebiet aufhielten. Sie alle stimmten »tosende Hochrufe« an, als der Triebwagen auf dem blumengeschmückten Bahnhof einlief. Eine Musikkapelle spielte den Marsch »Unsere Luftwaffe«, der allerdings – man schätzte wohl die Empfindlichkeit der Besatzungsmacht richtig ein – vorsichtshalber auf »Die Bodenseeflotte« umgetauft worden war. »Dicht gedrängte Menschenmassen stauten sich vor dem Lindauer Hauptbahnhof, um wenigstens einen Blick auf die Fußball-Weltmeister werfen zu können.« Auf den Bahnsteig selbst konnten sie nicht gelangen: Sepp Herberger wünschte dringend Ruhe für seine Mannschaft. Daher beschlossen die Verantwortlichen, den Bahnhof abzusperren. Lediglich sechzig Sondergenehmigungen, die zum Passieren der Sperre berechtigten, waren ausgegeben worden. Der Stadtrat war fast vollzählig anwesend, hinzu kamen Vertreter der Sportorganisationen und »natürlich auch die jungen Sportmädels, die mit einem Knicks jedem Angehörigen der Weltmeisterschaftsmannschaft einen Blumenstrauß überreichten. Bundestrainer Herberger und Mannschaftskapitän

Fritz Walter bekamen je einen extra großen und schönen in die Hand gedrückt. Blechmusik schmetterte und durch die Menge ging Bewegung: Sie kommen, sie kommen.«

Nachdem die Sportler ausgestiegen waren, wurden Hände geschüttelt und Glückwünsche überbracht. Helmut Rahn erhielt spezielle Hochrufe (nach Spiez waren ihm sogar Heiratsanträge telegraphiert worden). Als letzter stieg Sepp Herberger aus, »der mit bescheidenem Kopfnicken für die Hochrufe dankte«.

Was dann folgte, beschrieb die Lindauer Zeitung als einen »›Volkssturm‹ der Begeisterung«: Der kurze Fußmarsch über die in voller Festbeleuchtung strahlende Seepromenade zum Hotel Reutemann wurde unter lauten Jubelrufen zurückgelegt. Kaum hatten die Spieler das Hotel erreicht, brach die Absperrung. Dies führte u.a. dazu, daß die Scheiben der Flügeltüren des Bahnhofs splitterten. Die Masse drängte sich vor das Hotel. Die Spieler winkten mit den am Bahnsteig erhaltenen Blumensträußen und verschwanden durch die Hoteltür. Die begeisterten Menschen gaben sich jedoch nicht zufrieden. Immer wieder wurde nach der deutschen Elf geru-

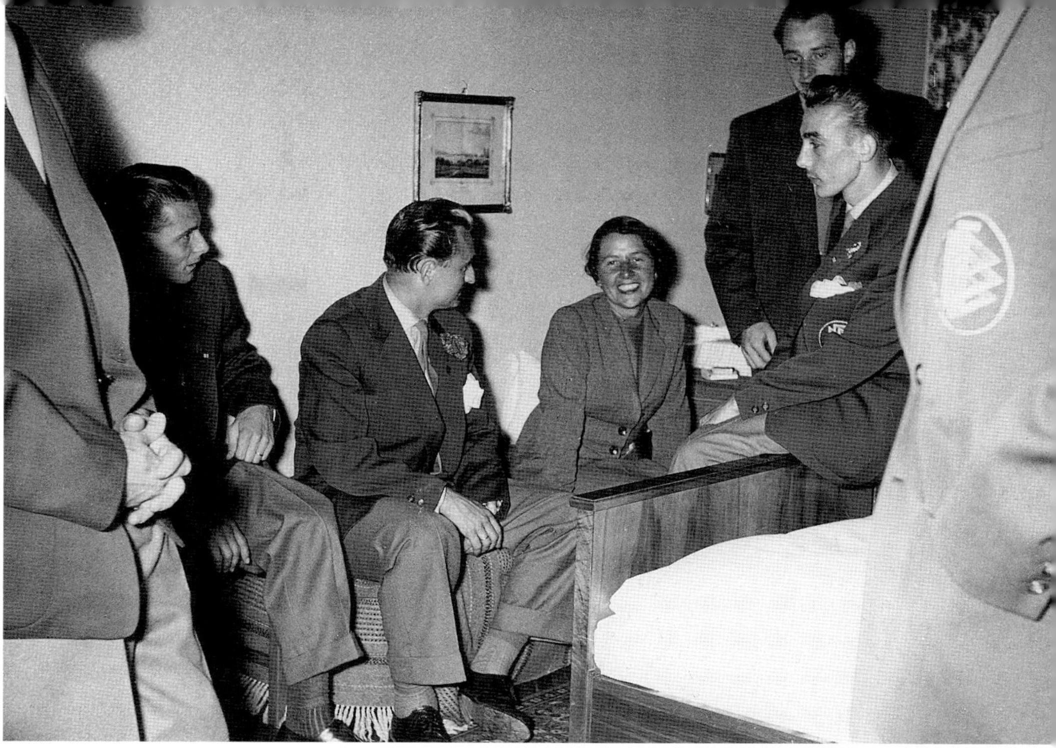

fen, die sich wiederholt auf dem Balkon zeigen mußte. »Von der Promenade, von den Bäumen, aus allen Fenstern wurde ihr zugewinkt. Spontan stimmten die Massen das Deutschlandlied an.« Vereinzelt kletterten »kleine Buben« an der Regenrinne auf den Balkon hinauf, »zupften ihre Halbgötter an den Hosenbeinen und forderten dringend Autogramme. Lächelnd schrieben die Mannschaftsmitglieder – immer auf dem Rücken ihres Nebenmannes – ihre Unterschriften auf die Karten hin.« Das Hotel wurde von den sonst eher gesitteten Einheimischen in einem Zustand hinterlassen, der als »leicht demoliert« bzw. »arg mitgenommen« beschrieben wurde: »Die den Fußballern nachdrängenden Scharen hatten Tische umgeworfen und die speisenden Gäste zu eiligem Rückzug veranlaßt, wobei einige Abendmahlzeiten auf dem Boden landeten.« Auch die Kletterübungen blieben nicht folgenlos – die Regenrinnen waren abgerissen. Außerdem machten die Bäume an der Uferpromenade »einen zerrupften Eindruck«. Das Abendessen nahm die Mannschaft im »Lieben Augustin« ein. Vertreter des Landes und der Stadt Lindau »leisteten ihnen dabei Gesellschaft. Dann krochen

Mitte: Hans Schäfer, Max Morlock

Seite 83: Hans Schäfer, Max Morlock

die meisten der Sportler abgespannt und übermüdet ins Bett; nur drei, vier Unentwegte nahmen den ersten Tag der wiedergewonnenen bürgerlichen Freiheit zum Anlaß, einmal richtig zu feiern.« Denn das hatte ihnen der Trainer in Spiez am Abend davor verwehrt; stattdessen mußten sie früh aufstehen und vor der Heimreise zum Friseur gehen, um einen ordentlichen Eindruck zu machen.

Am darauffolgenden Dienstag, den 6. Juli, begab sich die deutsche Mannschaft in offenen Autos zur Spielbank. Die für 9.30 Uhr angesetzte Korsofahrt führte vom Hotel Reutemann über den Bahnhofsplatz, die Hauptstraße, die Cramer- und Schmiedgasse bis zur Spielbank. Das Lokalblatt äußerte klare Erwartungen an die Bevölkerung: »Es wird als selbstverständlich erwartet, daß die Altstadt am Dienstag früh Flaggenschmuck anlegt. Die Kinder werden schulfrei bekommen.« Um den Weg freihalten zu können, war die gesamte Stadtpolizei, die Feuerwehr und die extra nach Lindau beorderte 3. Hundertschaft der bayerischen Bereitschaftspolizei aus Fürstenfeldbruck zum Absperrdienst eingesetzt worden. In der Spielbank gab es für die strapazierten Ehrengäste

Hans Schäfer, Max Morlock

zunächst »ein nahrhaftes bayerisches Frühstück mit Weißwürsten, Schweinswürsteln und Kesselfleisch«. Dann kamen die Reden: Kreispräsident Anton Zwisler betonte, daß Lindau »noch nie« eine derartige Freude erfaßt habe, »als bekannt geworden sei, daß der bayerische Kreis Lindau den Vorzug genießen werde, erstes Übernachtungsziel der Weltmeister-Mannschaft auf deutschem Boden zu sein«.

Dann kam DFB-Präsident Peco Bauwens zu Wort. In seiner Antwortansprache begründete er zunächst mit einer Anekdote, warum gerade Lindau als erster Übernachtungsort ausgesucht worden war: »Der Lindauer Schornsteinfeger hat uns Glück gebracht«, erklärte Bauwens »launig« auf die herzlichen Glückwünsche der Lindauer Behördenvertreter. Als die deutsche Elf einmal zu einem Länderspiel in die Schweiz fuhr, habe sie auf dem Lindauer Bahnhof ein Kaminfeger empfangen, der der Mannschaft mit einer Gruppe junger Sänger ein Ständchen dargebracht habe. Der Schornsteinfeger habe nicht nur zum Sieg im anschließenden Spiel verholfen, sondern offenbar dauerhaftes Glück beschert. In Erinnerung an das glückliche Omen habe man bewußt Lindau

Max Morlock,
Toni Turek

als erste Stätte der Ruhe gewählt, wenn aus der Ruhe auch nicht allzu viel geworden sei.

Es folgten die im Eingangskapitel erwähnten Worte vom »Endkampf« und der während des Endspiels fehlenden deutschen Fahne am Mast. »Mit einem dreifachen Hipp-hipp-Hurra auf die Stadt Lindau und ihre Bevölkerung schloß Bauwens seine mit stürmischem Applaus aufgenommene Rede.«

Im Namen der Stadt Lindau überreichte Bürgermeister Röhl jedem Spieler als Erinnerungsgabe eine Luxusausgabe des berühmten, in Lindau spielenden heiteren Romans »Der liebe Augustin« von H.W. Geißler. Die Angestellten der Spielbank ließen durch ihren Betriebsratsvorsitzenden Rieger eine kostbare Porzellanplastik übergeben. Weiß- und Bratwürste wurden auf manchem Teller kalt, weil die Ehrengäste ununterbrochen in Anspruch genommen waren, um Autogramme zu geben.

Gegen 11.30 Uhr brach die Wagenkolonne, wiederum stürmisch begrüßt, zur Rückkehr zum Hauptbahnhof auf. Wieder waren »aus den Nachbarstädten ... Tausende herbeigeeilt. In Friedrichshafen und Ravensburg waren an diesem

Toni Turek mit Frau, Fritz Laband

Vormittag weder Omnibus noch Taxi zu mieten.« Unter den Klängen des Klassikers »Muß i denn ...«, gespielt von der Kurkapelle, setzte sich um 11.35 Uhr der Sonderzug in Bewegung. »Umjubelt und mit glücksstrahlenden Gesichtern« reisten die Spieler nächsten Huldigungen entgegen. Als der Zug langsam durch die Gleiskurve fuhr und die Lindauer Insel wieder verließ, räkelten sie sich leicht angeschlagen in die Polster des Speisewagens.

Der nächste Halt war in Immenstadt um 12.57 Uhr, weiter soll es um 13.12 Uhr gehen. Ebenfalls eine Viertelstunde Aufenthalt war in Kempten eingeplant: von 13.35 Uhr bis 13.50 Uhr. Danach sollte der Zug nur noch kürzer anhalten: in Günzach von 14.12 Uhr bis 14.14 Uhr, in Kaufbeuren von 14.33 Uhr bis 14.35 Uhr, in Buchloe von 14.52 bis 14.58 Uhr und in Fürstenfeldbruck von 15.37 bis 15.39. Dann sollten sie schließlich in München ankommen – und die größte Kundgebung der Nachkriegszeit auslösen. Auch am zweiten Tag des Finale Grande werden die Spieler nicht zur Ruhe kommen ...

IM ALLGÄU. KÄSE, KERZEN UND EIN KRÜGL ENZIAN

Das Allgäuer Anzeigeblatt am 7. Juli: »Man konnte fragen, wen man wollte: Das größte Erlebnis war für jeden das spontan vom gesamten Publikum gesungene Deutschlandlied nach dem Endspiel.« Gemeint war die verbotene 1. Strophe: »Deutschland, Deutschland über alles«. »Le Monde« bewegte dies zu einem kritischen Leitartikel, »La Stampa« zu einer deutschen Überschrift über den Spielbericht (»Deutschland über alles«) und viele Stimmen der deutschen Öffentlichkeit zu negativen Reaktionen. Für das Allgäuer Anzeigeblatt blieb es der Höhepunkt.

»Ausgelassene Buben« wollten sie sein, weiß das Anzeigeblatt weiter – »keine Fußballstars«. Die ausgelassenen »Buben winkten und lachten in das Allgäuer Land hinaus. Eine große Wiese mit Heinzen flog vorüber. ›Richt euch, der letzte weiter zurück, Augen gerade aus!‹ schnauzte Mannschaftskapitän Fritz Walter die Heinzen an. Endlich waren sie alle fähig, froh und glücklich zu sein wie die ungezählten Menschen draußen auf den Wiesen und Bahnstationen.«

Der harmlose Witz mit den Heugestellen (Heinzen) macht deutlich, was hinter den meisten Nationalspielern lag: die

Immenstadt,
6. Juli 1954

Erfahrung des Militärs. Der »Freudentaumel«, der »Begeisterungssturm«, der »Volksjubel« kehrte die Vergangenheit unter einen bunten Teppich. »Von jedem Bauernhof, jeder Wiese, jeder Baustelle und jeder Siedlung sprangen sie an die Bahnstrecke, winkten, schrien und lachten.« Auf 100.000 Menschen schätzte man die Zahl der Menschen, die im Allgäu den Weltmeister begrüßten.

Der erste Halt im Allgäu war nicht vorgesehen. Noch am Mittag war unklar, ob die Weltmeister einfach durchfahren oder anhalten würden. Hans Göppel, Vorsitzender des Turn- und Sportvereins Oberstaufen, hatte Erfolg. Max Morlock, Mittelstürmer der Weltmeisterelf, setzte sich für einen kurzen Halt des Zuges ein. »Die Staufner Blasmusik in ihrer schönen Tracht« empfing »mit schneidigen Klängen den bekränzten, langsam einfahrenden Sonderzug ..., der von begeisterten Rufen und unbeschreiblichem Jubel umbraust wurde«, berichtete das Anzeigeblatt am 7. Juli. »Mädchen und Buben in Heimattracht überreichten Blumengebinde und Alpenblumen.« Die Spieler zeigten sich erkenntlich: Sie

überreichten Hans Göppel ein »Ehrenblatt mit den Unterschriften aller Spieler und einen Miniatur-Fußballstiefel, der die Namenszüge aller Spieler trägt.« Stolz stellte Göppel diese Trophäen in das Clublokal.

Xaver Roth aus Hüttenberg, Gemeinde Ofterschwang, lieferte am 6. Juli einen 30-Pfund-Laib echten Allgäuer Bergkäse an Landrat Ditterich. Von der Gärtnerei Karl Mair in Immenstadt erhielt dieser einen großen »Fußball« ganz aus Blumen. Der Blumenfußball trug eine Schleife mit dem Aufdruck: »Unserem Weltmeister. Der Landrat des Kreises Sonthofen«. Ein Bube und ein Mädchen in Immenstädter Tracht brachten für die Stadt Immenstadt einen Korb Alpenblumen und je »ein Krügl Enzian« für die Nationalspieler. Die Immenstädter Stadtkapelle war in ihrer Tracht unter Leitung von Stadtkapellmeister Linsig angetreten. »Mit Pauken und Trompeten und mit einem vieltausendstimmigen Willkommensschrei wurde der um 13.09 Uhr einfahrende Glieder-Triebwagen des Weltmeisters begrüßt«, heißt es im Anzeigeblatt.

Den Bahnhof abzusperren war »so unmöglich wie die Stauung der Iller mit einem Bretterzaun. Es quoll von allen

Seiten auf die Bahnsteige.« Die Dächer der Knipserhäuschen und der Seitengebäude waren gesuchte Standpunkte. Für mutige Kletterer boten sich auch die Bahnhofslaternen an.

»Der Andrang der Massen auf den Bahnsteigen war so groß, daß es der Mannschaft unmöglich war, den Zug zu verlassen. So mußten der Landrat des Kreises Sonthofen, Ditterich, und Bürgermeister Siegel den Zug besteigen, um ihre Gaben an den Mann zu bringen.«

»Gerade als die Menge den Sonderzug im ›Sturmangriff‹ nehmen wollte (die letzte Sperre war fast durchbrochen), ertönte das Abfahrtssignal. Und trotz allem Taumel blieben die Tausende diszipliniert auf dem Bahnsteig und rückten nicht weiter vor. In Ruhe und Sicherheit (Bahn-, Stadt- und Landpolizei leisteten freundlich ihre sehr notwendige und erfolgreiche Arbeit) konnte der Zug seine Fahrt wieder antreten ... Kempten entgegen.«

In Kempten warteten Tausende relativ gesittet hinter Absperrseilen auf die Weltmeister, die sich aber nach den Erfahrungen auf den vorhergehenden Stationen zunächst

Bahnhof Kempten, Fritz Walter und Hans Schäfer

nicht aus ihrem sicheren Zug trauten. Der Bürgermeister konnte aber einige überreden, darunter Sepp Herberger und Fritz Walter, sich auf dem Bahnhofsvorplatz sehen zu lassen. Nach einer kurzen Rede des Bürgermeisters, von der die Menge außer »Brot« und »Käse« kein Wort verstand, wurde ein Geschenkkorb mit 25 Kilogramm Allgäuer Käse überreicht, Blumen wie überall, und weiter geht's über Günzach und Kaufbeuren, wo jeweils kurz gehalten wird, nach Buchloe. Fritz Walter in seinem Buch mit dem treffsicheren Titel »3:2«: »Das Abteil, in dem wir die Geschenke einstweilen untergebracht haben, ist zum Bersten gefüllt. Aus dem friedlichen Nebeneinander von Allgäuer Käse, Porzellanfiguren, Aschenbechern wird bald ein Durcheinander von Pralinen, Weinflaschen und Kuhglocken.«

Die Buchloer Zeitung kündigte in ihrer Ausgabe für diesen Tag die Ankunft des Triebwagens für 14.52 Uhr an und glaubte vorhersagen zu können: »Auch das fußballbegeisterte Buchloe wird der deutschen Siegermannschaft einen ehrenvollen Empfang bereiten.« Die Teilnehmer am Empfang

Bahnhof Buchloe

der weltmeisterlichen Fahrgäste sollten sich um 14 Uhr im Schulhof treffen und »unter Vorantritt der Blaskapelle des Musikvereins zum Bahnhof« marschieren. Für die Begrüssung der Herberger-Truppe waren Vertreter der Stadt und der Sportvereine sowie die höheren Klassen der Volksschule vorgesehen. Die Huldigung der Helden bei ihrem für sechs Minuten vorgesehenen Halt stellte sich die Buchloer Zeitung vergleichsweise bescheiden vor: »Die Fußballjugend wird im Namen der Stadt Buchloe ein Blumengebinde überreichen.«

Doch die Zeitungen des folgenden Tages konnten dann über die schon fast normale kollektive Ekstase berichten. Bahnpolizei und Bahnbeamte waren dem Ansturm mal wieder nicht gewachsen: »In ihrer Begeisterung setzten sich die Tausende über Schranken, Seile und sonstige Absperrmaßnahmen hinweg. Der Bahnhofsplatz glich einem Ameisenhaufen. Stadtkapelle, die Jugend des FC Buchloe im Dreß und die Abordnungen der Stadt und der Vereine verschwanden fast im Trubel junger und alter Fußballenthusiasten.« An den Waggonfenstern wurden lachende Spielergesichter gesehen, die »überglückliche Schuljugend« erhielt Autogramme.

»5000 Menschen waren wie aus dem Häuschen.« Auch die Musiker wurden von der Stimmung erfaßt und ließen sich die Autogramme von Rahn auf die Notenblätter schreiben. Im Schritt-Tempo, »durch ein fast 400 Meter langes Spalier winkender Menschen«, setzte der Zug seine Fahrt fort.

In Kaufering trafen zwei bekränzte Züge zusammen. »Landsberg grüßt den Weltmeister« prangte in Weiß auf dem ins wenige Kilometer entfernt liegende Kaufering gefahrenen, mit Tannengrün geschmückten Sonderzug, in dem sich 1000 begeisterte Landsberger befanden. Ihre Stadtkapelle hatten sie schon vorausgeschickt.

Marschmusik erklang, als der andere bekränzte Zug sichtbar wurde. »Ein orkanartiger Willkommensgruß ... schlug den Nationalspielern entgegen«, stand adäquat in der Landsberger Zeitung vom 7. Juli. Vor dem Bahnhof und auf den Bahnsteigen drängelten sich etwa 6.000 Menschen. Einen Tribünenplatz hatten einige Landsberger ergattert: sie kletterten auf die Dächer ihrer Zugwaggons.

Kaufe

Der Sonderzug aus Landsberg

Seite 98: Bahnhof Kaufering

Die Kinder wedelten mit schwarz-rot-goldenen und blauweißen Papierfähnchen, einer Stiftung des Hotels Goggl. Bald durchbrachen die Fans die Absperrseile. Oberbürgermeister Thoma geriet ins Gedränge, nur mit Mühe konnte er sich zum Zug durchkämpfen. Dort überreichte er eine Radierung aus Landsberg. Wie in Spiez bekam Sepp Herberger einen Zinnkrug. Landrat Gerbl übergab den »kunstvollen Zinnkrug«, den Dießener Handwerker angefertigt hatten. Aufschrift: »Der Fußball-Weltmeister-Mannschaft 1954«.

»... denn es dürfte Hunderte großer und kleiner Städte geben, die unser kleines Bruck um dieses Ereignis beneiden.« So schloß das Fürstenfeldbrucker Tagblatt vom 8. Juli 1954 seinen Bericht über den Aufenthalt der Fußballweltmeister. Bereits am 5. Juli hatte der Vorstand des Sport-Clubs »wegen der Weltmeisterbegrüßung« ins Clubheim eingeladen. Am nächsten Tag wurde mitgeteilt, daß »die Sportler im Dreß Spalier stehen.« Und es wurde gemutmaßt: »Dem Vernehmen nach will sich halb Fürstenfeldbruck am Bahnhof einfinden.«

Bahnhof Fürstenfeldbruck

»Kurzum, die Brucker hatte ein wahrer Begeisterungstaumel erfaßt«, schrieb die Zeitung. Es spielte sich ab, wie auf allen Bahnhöfen seit Singen und Jestetten: die Fans stehen auf Dächern und Leitern, die Spieler werden beschenkt – einen Rosenstrauß für Morlock, Nelken für Eckel, Turek stapelte die Blumen neben sich. Das offizielle Programm findet nicht statt: »Die Begrüßungsworte von Bürgermeister Bauer gingen in dem Jubel völlig unter und der offizielle Akt der Geschenkübergabe spielte sich eigentlich ganz am Rand ab. Stadt- und Bahnpolizei, Bahnbeamte, die Funktionäre des SC, alles war machtlos gegen diese Masse fußballbegeisterter Menschen, die sich mit einem Ruck zum Zuge schob.« Geschenke gab es wieder vom heimischen Gewerbe. »Eine große Geschenkkerze aus der Firma Brameshuber« bekam Sepp Herberger überreicht. In einem großen Geschenkkarton waren weitere 22 Kerzen, für jeden Spieler eine, verpackt. Die Kerze gilt ja als Ruhepunkt im häuslichen Idyll, und das rückte nun langsam näher …

AIDA UND OHRENBETÄUBENDES DRÖHNEN
DIE »GUTEN JUNGS« IN MÜNCHEN

Ein Hamburger in München greift zur Trompete. Er ist in den Bühnenfarben gekleidet: schwarz und weiß. Zum Vortrag kommt der Einzugsmarsch aus der Oper »Aida« von Giuseppe Verdi. Ungewöhnlich ist der Ort der Aufführung: Das Baugerüst des Hettlage-Baus in der Münchner Neuhauser Straße. Ungewöhnlich ist auch der Beruf des Bläsers: Zimmermann. Er ist aus Hamburg und baut bei Hettlage. Das ist ein Kleidergeschäft. Später entstanden fast überall Hettlages – im »Wirtschaftswunder« so etwas wie Vorreiter einer nicht mehr ganz so spießigen Herrenmode.

Seine Kleidung besteht aus einem schwarzen Anzug und einem Zylinder. Die hochkulturelle Kundgebung erklingt vor einer Menschenmenge – wie bei der Uraufführung der Oper in Ägypten. Der ägyptische Vizekönig hatte am 24. Dezember 1871 nach Kairo eingeladen. Im Land, wovon die Oper handelte, ging sie triumphal über die Bühne.

Die Menschen stehen zum Jubeln bereit. An diesem 6. Juli 1954 haben die Schulkinder frei bekommen, um auch einen Einzug zu feiern. Der Einzelhandelsverband hat seine Mitglieder aufgerufen, die Geschäfte früher zu schließen.

Bahnhof München, Fritz Walter

Jeder soll dabei sein. Die Menschen bilden selbst lebende Triumphbögen, fast wie in »Aida«. Sie stehen auf Baugerüsten, auf den Kränen am Marienplatz, auf den Dächern der Behelfsbuden, die auf den Flächen zerbombter Häuser aufgestellt sind.

Der Konditorlehrling Erwin Zellmer steht in der Halle und schaut jeden der vorbei geht, fragend an: »Ist er es oder ist er es nicht?« Er wartet auf Weltmeister Mai, einen Berufskollegen von ihm. Er hat einen Strauß Nelken mitgebracht. Am Abend soll der linke Läufer des 1. FC Nürnberg ein besonderes Geschenk von der Konditoren-Innung erhalten.

»Hat denn das mit Treue zu tun?«, plärrt indessen ein Lautsprecher der Deutschen Bundesbahn. Die Fans haben den ganzen Bahnhof überschwemmt. Die wirklichen Reisenden bleiben stecken. »Wo wird Turek aussteigen?«, ruft auf dem Bahnsteig 11 ein Keksverkäufer. Er fragt die Leute, einen nach dem anderen: »Wissen Sie, wo Turek aussteigt?« Niemand weiß es. Wie auch das Geheimnis, warum der Keksverkäufer gerade nach Turek fragte, verschlossen bleibt wie eine Keksdose.

Fritz Walter, begrüßt von Oberbürgermeister Thomas Wimmer

»Jetzt kimmt a!« Die Männer, die mutig auf das Dach der nahegelegenen Post geklettert sind, sehen den Triumphzug als erste. Um 16.04 Uhr rollt der Sondertriebwagen herein.

»Eben hat der Sonderzug die Hackerbrücke passiert. Er ist vorne mit Blumen geschmückt«, kracht es aus dem Lautsprecher. Der Spielmannszug der Bereitschaftspolizei setzt die Instrumente an. Die Damen des Bayerischen Fußballverbands rücken ihren riesigen Blumenkorb in die Nähe des Gleises. Als sich die Türen des Zuges öffnen, drückt der Münchner Oberbürgermeister Thomas Wimmer dem Erstbesten die Hand und gratuliert ihm. Ein letztes Mal wiederholt sich der Ablauf: Absperrbänder werden überstiegen, Bahnpolizisten stimmen in den Jubel ein – von militärischem Drill und feierlichen Reden haben die Menschen die Nase voll. Die Menschenmenge nimmt die »guten Jungens« auf, schließt sie ein, wie der »Münchner Merkur« (7. Juli 1954) schreibt: sie seien »Volk, wie das Volk, das sie jetzt für ein paar Tage über sich erhebt und den Gefeierten damit beinahe und wahrscheinlich zuviel abverlangt.« Als die Nationalspieler Autogrammjäger und Gratulanten abgeschüttelt haben, gehen sie

Begrüßung im Zug

zum Bahnhofsvorplatz. Bundestrainer Sepp Herberger führt die Umjubelten an, dann kommen Jupp Posipal, Max Morlock und Werner Kohlmeyer. Um 16.10 Uhr sitzen bereits alle in den offenen Mercedes-Wagen. Erneut haben alle Spieler bunte Sträuße und Blumenbouquets geschenkt bekommen.

Die zwölf Mercedes-220-Kabrioletts stellt das Autohaus Henne. Die Fahrt geht durch die Bayerstraße, Goethestraße, Schwanthalerstraße, Sonnenstraße über den Stachus und dann durch die Neuhauser und Kaufinger Straße zum Marienplatz. Auf der Domhof-Terrasse zechen einige Fußballfans. Sie sind dem lokalen Blickwinkel treu geblieben: Ihre rotweißen Fahnen sind die des 1. FC Nürnberg. Mehr nationales Pathos haben die Schilder und Girlanden an den Geschäften, an denen die Spieler auf dem Weg zum Rathaus vorbeifahren: »Es lebe unsere siegreiche Elf«; »Wir beglückwünschen unsere Weltmeisterelf.« Neben dem Haus des Begräbnisvereins steht: »Herzlich willkommen«.

Um 16.15 Uhr setzt sich der Zug in Bewegung. Vorne reitet der Chef der berittenen Polizei auf seinem Pferd »Prinzeß«. Die Süddeutsche Zeitung (7. Juli 1954): »Es wird ein

Toni Turek mit Bahnpolizisten

wirklicher Triumphzug durch die Straßen. Hunderttausende haben sich aufgestellt. Der Verkehr in der Innenstadt ist lahmgelegt, die Häuser mit den dichtbesetzten Fenstern werden zu lebendigen Fassaden.« Zuerst müssen die Spieler jedoch losfahren können. Die Menge keilt die Wagen schon am Bahnhofsplatz ein. Zettel, Hefte, Kalender strecken sich den Nationalspielern entgegen: »Bitte ein Autogramm«. Ein junges Mädchen hält einen gelben Pullover hin und bittet Fritz Walter um seine Unterschrift: »Bitte in Brusthöhe.«

Im ersten Wagen der Fest-Kolonne sitzt Oberbürgermeister Thomas Wimmer. Wimmer (»Wimmer Dammerl«) war ein Mann, dem Vertrauen entgegenschlug. Er war es, der mit der Parole »Ramadama« zur Enttrümmerung aufrief und so eine Art Heros des Nachkriegs-Münchens wurde.

Zischend und krachend fallen Feuerwerkskörper in die Menschenmenge. Aidas Einzugsmarsch erklingt. Ausgerechnet Hans Huber vom Bayerischen Fußballverband, einer von den Funktionären, die sich ewig in den Vordergrund schieben, schwingt stolz die Coupe Rimet. Fritz Walter gibt sich mit einem Blumenstrauß zufrieden.

Fritz Walter und Sepp Herberger mit DFB-Funktionär Huber

»Wem gehört der?« Ein Mann hält an der Ecke Schwanthaler-Sonnenstraße einen zierlichen schwarzen Damenschuh in die Höhe. Niemand meldet sich. »Bewahren Sie jetzt bitte Ruhe!« Der Polizeiwagen vor dem Weltmeisterkonvoi versucht die Menschen zu beruhigen – vergeblich. Einige Schaulustige klettern auf den Baugerüsten immer höher. Die Polizisten geben auf. Wir sind Weltmeister, und wenn durcheinandergeht. »Sehen Sie, Herr Nachbar, man freut sich halt. Wir hatten ja letztens nicht soviel, woran man sich freuen konnte«, zitiert der Münchner Merkur einen Zuschauer

»Es gibt die ersten Ohnmächtigen«, schreibt die Zeitung weiter. In den bekränzten Autos sitzen je drei junge Herren in grünen Jacketts. »Der Platz dröhnt von Hochrufen«. Einige der Grünjacken sitzen wie eingefroren. »Schließlich sind es alles einfache Jungens, noch nicht gewöhnt an das Wissen der Prominenz, daß man ruhig immer wieder dasselbe machen soll und machen darf, nämlich winken, weil es ja immer wieder neue Leute sind, denen man zuwinkt, Leute

Rechts Jupp Posipal, links Toni Turek, mit DFB-Funktionär Deckert

die ihrerseits nicht wissen, daß die Stars schon so viel gewinkt haben.«

Oberbürgermeister Thomas Wimmer hat den zerknitterten Hut ab- und die Amtskette angelegt. Er trägt eine rote Nelke im Knopfloch seines grauen Anzugs. Vor dem großen Gobelin im kleinen Rathaussaal will er die Zeremonie beginnen: »Fang ma o.« Neben dem Oberbürgermeister sitzt Fritz Walter, dann Sepp Herberger. Zur Rechten Peco Bauwens. An den Tischen vor Wimmer sitzt die Mannschaft. An jedem Platz ein Blumenstrauß. Auch der Oberbürgermeister erlebt eine für ihn neue Situation: ein Blitzlichtgewitter. Die Pressefotografen knien in den Gängen. Als der Oberbürgermeister den Spielern die Silberplakette der Stadt verleiht, gehen diese außen um die Tische herum – der direkte Weg wird von den Fotografen versperrt. Wimmer wird ungeduldig. Einer der Fotografen steht auf und rückt die Amtskette des Oberbürgermeisters zurecht, damit die Fotos besser werden. »Ihr seid wirklich furchtbar«, fährt Wimmer die Fotografen an.

»Es ist für mich eine hohe Ehre, die Weltmeister in der bayrischen Landeshauptstadt begrüßen zu dürfen«, sagt

SPORTHAUS
SCHUSTER
C.WEISHAUPT

Ankunft auf dem Marienplatz

Seite 107:
Im Löwenbräukeller, Fritz Walter, unten links seine Frau Italia

Thomas Wimmer. Er bittet Peco Bauwens, auch den Ersatzspielern die Silberne Sportplakette der Stadt zu verleihen. Peco Bauwens ist in seinem Element. Er dankt für die Münchner Gastfreundschaft. »Staat und Kommune« sollen »die edle Sache des Sports« fördern: die Jugend brauche heute Begeisterung. Die Fußballer stimmen mit einem dreifachen »Hipp Hipp Hurra« in den Jubel ein.

Die Kellnerinnen des »Münchner Kindl« servieren Kaffee, Kognak, Torte und Obstkuchen. Unter den Ehrengästen sind der Präsident des Deutschen Olympischen Komitees, Ritter von Halt, elf Landtagsabgeordnete aller Fraktionen, zahlreiche Stadträte und städtische Bedienstete.

Dann gehen der Oberbürgermeister und die Spieler auf den Balkon. »Jedesmal«, beobachtet die Süddeutsche Zeitung, »wenn Fritz Walter einen anderen Spieler an die Brüstung bringt und ihm den Pokal in die Hand drückt, schwillt der Beifall zu einem ohrenbetäubenden Dröhnen.« Fritz Walter war, so ließ sich der Münchner Merkur literarisch inspirieren, ein »Hamlet auf dem grünen Rasen, ... ein artiger, feingeschnittener Typ.« Turek war »ein breiter Athlet«, im

Hans Schäfer, Werner Liebrich, Horst Eckel

Gegensatz zum »schlanken, sich schlängelnden Eckel.« Die Menschenmauer auf dem Marienplatz will den Torschützen des dritten Tores sehen: »Rahn, Rahn, Rahn«.

Das hörte sich anders an als am Ende der fünfziger Jahre. Aus »Rahn, Rahn, Rahn« wurde »Prost Rahn«, mit den ihn die Zuschauer hin und wieder auf dem Spielfeld begrüßten. Seine sportliche Karriere schien 1957 endgültig beendet: er setzte mit 2,6 Promille Alkohol im Blut seinen Wagen in eine Baugrube. Als die Polizei kam, wehrte er sich. Er wurde wegen Widerstandes gegen die Staatsgewalt in Handschellen abgeführt. In seine 14-tägige Gefängnisstrafe fielen zwei Trainingsspiele der Fußballnationalmannschaft. Er reiste aus dem Knast zu den Spielen an.

Bei Rahn wechseln häufig die Berufstätigkeiten. Er half zunächst im väterlichen Fuhrgeschäft aus, verdingte sich kurze Zeit als Förderjunge im Bergbau, fing eine Ausbildung zum Auto-Elektriker an, brach diese ab, bekam aufgrund seiner sportlichen Erfolge den Job eines Kontrolleurs, wird in Essen Beifahrer in einer Ofenfabrik, fährt einmal selbst einen Firmenlaster und rammt frontal eine Straßenbahn. Er pach-

»Die Reservebank«: Klodt, Laband und Kwiatkowski

tet eine Tankstelle und gibt auf. Ein Vereinskamerad übernimmt die Tankstelle und führt sie mit Erfolg. Dann folgen verschiedene Vertreter-Tätigkeiten: so handelt er mit Arbeitsschutzkleidung und Geschenkartikeln. Am Schluß mit Gebrauchtwagen.

In diesem Arsenal von Berufen fehlt nur noch der Lotterieeinnehmer, dann hätte Rahn in einer Person wirklich alle Karrieren durchlaufen, die in den fünfziger und sechziger Jahren für erfolgreiche Fußballer offenstanden – Karrieren, über die ein heutiger Profi sich nur wundern kann, die damals aber durchaus als standesgemäß galten, als erste Stufe einer »neureichen« Existenz.

In seinem Spiel nimmt Rahn gewisse Formen vorweg: er wehrt sich dagegen, daß alles wie eine »Maschine« abläuft. Er ist ein »Bruder Leichtfuß« (Sport-Magazin, 28. Juli 1958). Der Historiker Horst Steffens meint: »Gerade seine Unberechenbarkeit machte Rahn als Außenstürmer so stark. Fast alle Fußballnationen spielten in den fünfziger Jahren das WM-System, eine Art 3-4-3-System, in dem beide Außenstürmer die Aufgabe hatten, das Spiel auseinanderzuziehen, eine

Morlock und Berni Klodt

Massierung der gegnerischen Abwehr am und im Strafraum zu verhindern und durch Flankenläufe Tore vorzubereiten oder durch plötzliches Hereinkurven den Gegner zu irritieren und selbst Tore zu erzielen. Außenstürmer mußten schnell, trickreich und listig sein, sie waren zwar auf die Spielkunst der Halbstürmer angewiesen, aber wenn sie den Ball bekamen, weitgehend an der Außenlinie auf sich alleine gestellt. Insofern waren Außenstürmer in den meisten Fällen Alleinunterhalter mit der Fähigkeit, lange auf eine entscheidende Chance zu warten. Am Spielaufbau konnten sie sich kaum beteiligen, aber, wenn sie in der gegnerischen Hälfte den Ball führten, dann erwarteten alle gefährliche Torraum-Szenen. Um solche Fähigkeiten zu entwickeln, brauchten Außenstürmer eine Portion Eigensinn und vor allem Selbstvertrauen. Beides besaß Helmut Rahn und dies war auch der Grund, warum Herberger an ihm festhielt, obwohl er ihn mehrmals aus ›allein moralische(n) Gründe(n)‹ aus der Nationalelf verbannt hatte.«

»Still und ein wenig betroffen kehren die Weltmeister wieder in den Sitzungssaal zurück, wo zum erstenmal in der

… und noch ein Wagen

Münchner Nachkriegs-Geschichte weiß gedeckt ist«, notiert die Süddeutsche Zeitung. Auf jedem Platz liegt der vom Oberbürgermeister signierte Bildband über München, ein hölzerner Krug vom damals noch angesehenen Donisl-Wirt und das Leder-Etui mit der Silberplakette.

Etwas müde schauten, so der Münchner Merkur, »die Herren Fußballer aus, als sie wieder in einem Nebenhof des Rathauses in die Autos steigen.« Sie machen sich auf den Weg zum Festakt der Landesregierung in der Staatskanzlei. »Wenn wir jetzt gegen Ungarn spielen müßten …«, sagt Sepp Herberger. Auf dem Hofgartentor sitzen Fußballfans und scheppern mit Kuhglocken. Am Haus der Kunst schlägt die Stunde eines Nachwuchsmusikers: Ein Junge läuft neben den Autos her und bläst Trompete. Sicherlich gelten ihm jedoch nicht die Operngläser und Feldstecher, die vom Friedensengel herunterschauen. Ihre Besitzer wollen aus luftiger Höhe einen Blick auf die Weltmeister erhaschen. Vor der Staatskanzlei erfolgt ein erneuter Autogramm-Ansturm.

Danach der Festakt der Landesregierung. In der Schack-Galerie drücken Hans Ehard, der bayerische Ministerpräsident,

Empfang in der Bayerischen Staatskanzlei

Seite 112: Im Münchner Ratskeller, Thomas Wimmer mit Fritz Walter und Peco Bauwens

der Senatspräsident Alois Hundhammer, und viele andere Würdenträger den Spielern die Hände. In seiner Ansprache dankt der Ministerpräsident und überreicht jedem Spieler eine Schachtel. Darin steht ein Löwe von der Porzellan-Manufaktur Nymphenburg. Als sich die Wagen auf den Weg zur Sportschule Grünwald machen, rufen den Weltmeistern Sprechchöre nach: »Wir danken Euch, wir danken Euch ...!«

Die Sportschule Grünwald ist zum Empfang gerüstet. Dampfende bayerische Knödel erwarten die Weltmeister bei ihrer nächsten Station. Hier hatten sie auch vor der Weltmeisterschaft Quartier genommen. Allerdings blieb nur wenig Zeit. Zwölf Schweine, zehn Kälber und einige Rinder waren für den Löwenbräu-Keller geschlachtet worden. 40.000 Liter Münchner Bier war in Fässern herangerollt. 7.000 Menschen warteten im »Löwenbräu«. Weiß-blaue Fahnenbänder, Reisigkränze und Goldquasten waren angebracht.

»Die Wogen des Frohsinns und der Gemütlichkeit« gingen »hoch im Löwenbräu-Keller«, berichtet die Münchner Illustrierte. Peco Bauwens ergreift das Wort. Er nennt die Spieler »meine wackeren Knaben« und preist Wotan, den germani-

schen Gott, dafür, daß er der tapferen Germanentruppe beigestanden sei. »Dieser Sieg hat gezeigt, daß es Schatten auf dem Sport und dem deutschen Volk nicht mehr geben kann, wenn es jemand ehrlich mit uns meint.« Sie hätten vor aller Welt demonstriert, was ein echter Deutscher tun könne. »Als in Bern unsere Fahne nicht am Mast wehte«, seien alle »mit der deutschen Fahne im Herzen auf den Gegner« losgestürmt. Das stelle »Repräsentanz besten Deutschtums im Ausland« dar. Zu den gegnerischen Fans bemerkte er: »Wenn aber andere auf dem Spielfeld herumturnen mit ihren Fahnen vor dem Spiel, dann geht es nicht an, daß unseren Leuten es verboten wird, unsere stolze deutsche Fahne zu führen. Das lassen wir uns nicht gefallen. Unsere Mannschaft hat ihnen die Quittung gegeben.« Als Bauwens dann noch an seiner goldenen Anstecknadel hantierte und sagte, er wolle sich jetzt »des Führerprinzips« bedienen, unterbrach der Bayerische Rundfunk seine Live-Übertragung aus dem Löwenbräu-Keller und bot stattdessen Tanzmusik.

Sepp Schirrmacher war auf abenteuerlichem Weg in den Löwenbräu-Keller gelangt. Der Keller war überfüllt, keiner

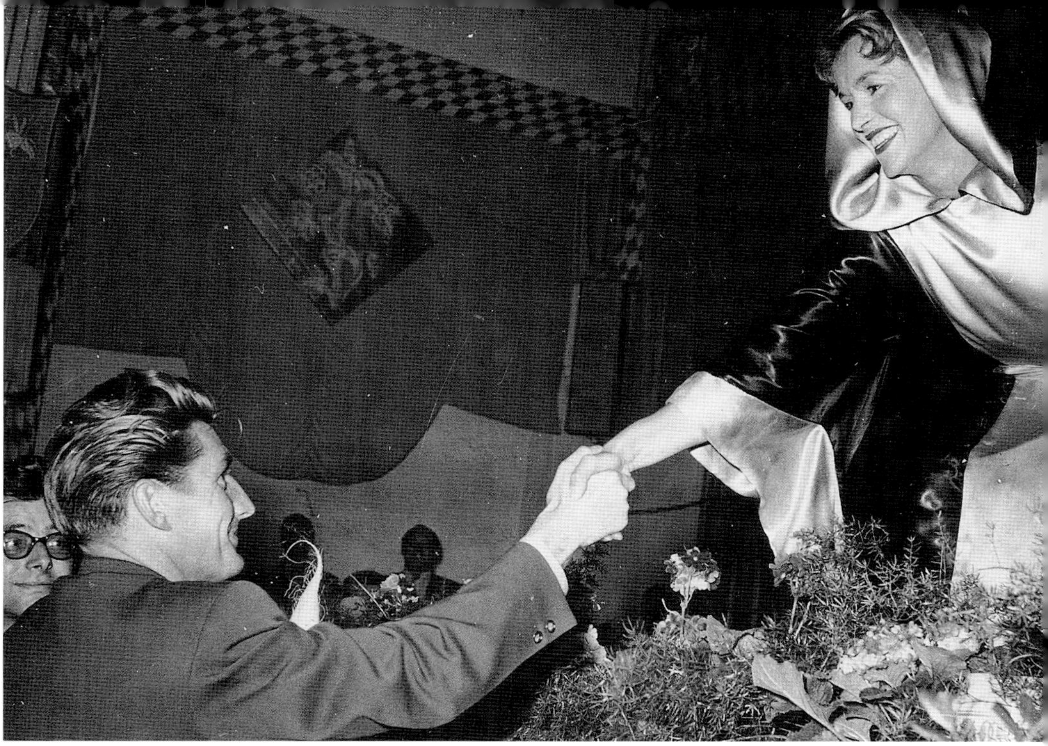

kam mehr hinein. Der Sportjournalist verschaffte sich daraufhin selbst Einlaß. Er ließ sich an einem Kellerfenster hinunter und fand sich in der Damentoilette wieder.

Im Saal machte er eine Grenz-Erfahrung. Er schrieb 1954 im August-Heft der Zeitschrift »Der Fußball-Trainer«, daß die Bauwens-Rede »nahe an die Grenze dessen ging, was man gerade hier in München zwei Jahrzehnte früher aus dem Munde anderer ›Führer‹ hörte.« Seine »Reden troffen förmlich vom deutschen Ansehen in der Welt, vom Deutschtum und deutschen Sieg.« Den »peinlichen Geschmack« fand auch Hans Müller heraus, der Sportredakteur der »Schwäbischen Zeitung«, der fürchtete, aufgrund der Bauwens-Rede »eine ausgewachsene Mittelohrentzündung mit anschliessendem Brechdurchfall« zu bekommen.

Im August 1949 war Peco Bauwens Präsident des wiedergegründeten Deutschen Fußballbundes geworden. Er schrieb damals im »Spiegel«: »Wir haben draußen wieder viel gutzumachen. Die anderen aber auch einiges an uns.«

Um die drei Fußballtore und nicht um die Rede ging es am restlichen Abend im Löwenbräu-Keller. Der Ball, den einmal

Morlock und zweimal Rahn ins Netz geschickt hatten, lag blumengeschmückt in einer Ecke des Kellers. Die Spieler tranken einen reichlichen Teil des Bieres nach, auf den sie auf Geheiß Herbergers bisher verzichtet hatten. Nach einigen Stunden Schlaf ging es wieder zum Bahnhof. Die Spieler konnten sich dann endlich trennen; fast die Hälfte der Mannschaft fuhr nach Kaiserslautern, wo das Bonmot Furore machte, die Weltmeisterschaft habe die ersatzgeschwächte Mannschaft des 1. FC Kaiserslautern gewonnen.

SÜDLÄNDISCHES FORMAT – IN KAISERSLAUTERN

In Kaiserslautern waltete wahre Fußballbegeisterung. Die Stadtverwaltung plante schon am 3. Juli 1954 »unabhängig von dem Ergebnis der morgen fallenden Entscheidung um die Fußballweltmeisterschaft einen Empfang der fünf Lauterer Angehörigen der deutschen Mannschaft«, Fritz und Ottmar Walter, Werner Liebrich, Horst Eckel und Werner Kohlmeyer. Die anderen Spieler steuerten schon ihr Zuhause in Nürnberg und Düsseldorf, in Hamburg oder Frankfurt an, als die Lauterer Weltmeister am 7. Juli in Karlsruhe auf dem Hauptbahnhof eintrafen, umbrandet von dem gewohnten Jubel. Der Oberbürgermeister von Landau, der Präsident des 1. FC Kaiserslautern, der Spielausschußvorsitzende, der Bürgermeister von Kaiserslautern – alle genossen den Triumph mit und schoben sich in den Sondertriebwagen, den die Bundesbahn bereitgestellt hatte. Der Badische Sportverband schenkte den Pfälzer Weltmeistern einen 14-tägigen Erholungsurlaub auf Burg Schöneck, die Autogrammjäger bliesen zum Großangriff.

Kaum hatte der Zug wieder die Fahrt aufgenommen, kam es zu einem ungeplanten Halt. Die Streckenarbeiter der Bun-

Empfang in Kaiserslautern

desbahn blockierten die Maxauer Rheinbrücke. Sie zeigten keine roten Fahnen, sondern ein blumenumkränztes Schild: »Willkommen in der Pfalz!« In Landau warteten etwa 15.000 Menschen am Bahnhof. Bekannte Bilder: die Bahnpolizei hat Schwierigkeiten, die Gleise freizuhalten, Jugendliche stehen auf anderen Zügen, Autogrammjäger in Hundertschaften, Blumen über Blumen.

In Neustadt versucht der Bürgermeister vergeblich, eine Rede zu halten. Fanfarenbläser hatten sich in Lambrecht aufgebaut. Bahnübergänge sind schwarz von Menschen, eine Autokolonne auf der parallel verlaufenden Bundesstraße begleitet den Triebwagen mit einem Hupkonzert.

»Kein Kind und kein Erwachsener waren zu sehen, die nicht ein Fähnchen des FCK getragen hätten«, beobachtet die »Die Rheinpfalz«. Etwa 100.000 Menschen stehen in Kaiserslautern bereit. Die Bahnhofshalle wird noch umgebaut. »Flaggen heraus«, bittet Oberbürgermeister Alexander Müller (SPD). Der Unterricht an den Schulen fiel aus, die Geschäfte waren mit Girlanden geschmückt. Ein Café hatte die Idee, im Schaufenster einen Lauterer Spieler, einen »roten Teufel«, aus

Horst Eckel mit kleinen und großen Gratulanten

Marzipan aufzustellen, unter ihm die Reihe der geschlagenen Gegner.

Böllerschüsse des Verkehrsvereins und Jubelstürme zeigten gegen 19.25 Uhr an, daß es soweit war. »Von der bekannten Zurückhaltung der Westpfälzer war diesmal nicht das Geringste mehr zu spüren und die Beifallskundgebungen für die Spieler erreichten südländisches Format«, schrieb die »Pfälzer Volkszeitung«. Nach der Begrüßungsprozedur auf dem Bahnhof fuhren die Spieler in ihren VW-Kabrioletts an vielen schön gereimten Transparenten vorbei: »Deutschlands größter Triumph ist errungen, herzlich willkommen, ihr Lauterer Jungen!« Oder: »Willst Du unserem Ottmar danken, mußt Du fleißig bei ihm tanken.« Das Transparent spielte darauf an, daß Ottmar Walter eine Tankstelle betrieb – ein früher Fall von erfolgreichem Marketing. Damals war es eher üblich, bekannten Fußballspielern, wie zum Beispiel Werner Liebrich, einen Toto-Lotto-Stand zu spendieren.

Aus dem Konfetti-Regen retteten sich die Nationalspieler in die überfüllte Fruchthalle. Ein Fanfarenstoß erklang – und alle gratulierten: Justizminister Bruno Becher dankte den

Fahrt durch die Stadt – Horst Eckel und Werner Kohlmeyer.

Seite 121: Fritz-Walter-Parade

»fünf Korsettstangen der Nationalmannschaft«, Regierungspräsident Franz Pfeiffer sprach für die Pfalz, Miles B. Reber, der Kommandierende General der amerikanischen Besatzungstruppen, sagte, die amerikanischen Soldaten seien so stolz auf »ihre« Nationalspieler wie die Lauterer selbst. Oberbürgermeister Müller lud die fünf ein, sich bei der Stadt ein dem Anlaß entsprechendes Geschenk auszusuchen und sich ins »Goldene Buch« der Stadt einzutragen.

Über eine Lautsprecheranlage wurden die Reden auf den nahegelegenen Schillerplatz übertragen. Der Vorsitzende des Fußballverbandes Rheinland-Pfalz, Eckert, rief aus: »Es gibt in Deutschland nur eine Fußballhochburg, und die heißt Kaiserslautern.« Der Vorsitzende des Südwestdeutschen Fußballverbands, Karl Fahrbach, redete, der Vorsitzende des Sportbundes Pfalz, Christian Löffler, redete, der Präsident des FCK, Ludwig Müller, redete, der Dichter des »Walter-Liedes«, Alfred Kurz redete, und schließlich sogar Fritz Walter. Er hielt nach Meinung der Pfälzischen Volkszeitung die längste Rede seines Lebens. Das schönste Mitbringsel sei für ihn das Erlebnis einer einzigartigen Kameradschaft der

Im Rathaus

Seite 122: Fritz Walter beim Betreten des Rathauses

22 Spieler. Und sie hätten nur so gut gespielt, weil Sepp Herberger sein 100. Länderspiel leitete. »Kaiserslautern ging an diesem denkwürdigen Tag später als sonst ins Bett. Die Heimkehr der Meisterfußballer wurde bis zum Morgengrauen noch gebührend gefeiert«, schrieb die »Freiheit«.

Am nächsten Morgen um 11 Uhr stand schon wieder eine Menschenmenge vor dem Stadthaus in der Steinstraße. Die fünf Weltmeister kamen, um sich ins Goldene Buch der Stadt einzutragen. Der Oberbürgermeister Müller gab »seine Buwe« noch ein paar fußballtaktische Hinweise sowie eine goldene Krawattennadel, gestiftet vom Juweliergeschäft Schaaf.

In aller Stille hatte die Nähmaschinenfabrik G.M. Pfaff AG um 18 Uhr zu sich eingeladen. Der Vorstandsvorsitzende Hugo Lind wies welterfahren darauf hin, »daß im Sport wie in der Wirtschaft nur bei Zusammenarbeit und vollem gegenseitigen Vertrauen große Erfolge erzielt werden könnten. Die Firma Pfaff bekundet ihre Dankbarkeit dadurch, daß sie jedem von ihnen eine moderne Haushaltsnähmaschine schenke, wobei es den Spielern bzw. ihren Frauen überlassen

Fahrt durch die Stadt. Vorne: Ottmar Walter

bleibe, die Möbelform nach Wunsch auszusuchen«, schrieb die »Pfälzische Volkszeitung«. Die Spieler waren erfreut und ließen sich gleich vor Ort etwas vornähen.

Während die fünf »roten Teufel« noch bei Pfaff waren, traf der Bürgermeister von Horst Eckels Geburtsort Vogelbach ein. Er entführte sie dann in die überfüllte Vogelbacher Halle. Eine örtliche Firma stiftete gesundheitsbewußt ein großes Paket Zigaretten und die Porzellanfabrik in Bruchmühlbach ließ eine »Erinnerungsgabe« überreichen. Vogelbach war damals übrigens noch Grenzort: erst am 1. Januar 1957 wurde das Saarland als deutsches Bundesland eingegliedert. So freuten sich die Zeitungen regelmäßig, wenn »Nachbarn« aus dem Saargebiet nach Vogelbach kamen, um den Lauterern zuzujubeln. »Kein Kaiser, König oder sonstiges Staatsoberhaupt wurde je in der Barbarossastadt mit solcher Herzlichkeit und vor allem mit solcher Verbundenheit empfangen als die siegreichen Mannen des FCK«, faßte die »Rheinpfalz« die beiden Tage zusammen.

»Machts kurz, wir sind am Ende«

DIE RÜCKKEHR DER ANDEREN SPIELER

Für Hans Schäfer und Paul Mebus wurden auf dem Kölner Bahnhof die Absperrungen durchbrochen, die geplanten Reden nicht gehalten, Autogrammjäger traten zu Hunderten an, der Triumphzug mit dem Pkw kam nur im Schrittempo voran. Auch Max Morlock war begeistert. Er wurde von Ludwig Franz, dem 1. Vorsitzenden des 1. FC Nürnberg, als das »personifizierte Ideal der Jugend« begrüßt. Das war im Klubheim. Zuvor war er ins Nürnberger Stadion geeilt, wo er eine Ehrenrunde drehen mußte. 30.000 Schülerinnen und Schüler jubelten ihm zu; sie feierten gerade ihr Sportfest. Die Auto-Union zeigte sich spendabel: Max Morlock wurde stolzer Besitzer eines DKW.

»Macht's kurz, wir sind am Ende.« Diesen verständlichen Wunsch äußerte Karl Mai, der mit Herbert Ehrhardt von der Spielvereinigung Fürth abgeholt wurde. Vereinsmitglieder behängten die beiden mit goldenen Lorbeerkränzen und fuhren sie durch die Stadt. Ungeklärt blieb, wo die elf Schokoladenfußbälle waren, die Karl Mai am Abend zuvor im Löwenbräukeller von den Kollegen der Münchner Konditoreninnung erhalten hatte.

Morlock erhält in Nürnberg von seinen Mitspielern einen Korb mit Sekt

Jupp Posipal und Fritz Laband wurden von einer Menschenmenge am Hamburger Hauptbahnhof abgeholt. Ihr Arbeitgeber, die Firma Betten-Holm, nutzte die Rückkehr der beiden Nationalspieler zu einer Werbe-Offensive. Im schneeweißen Firmen-Cadillac fuhren beide zum HSV-Platz. Als die beiden am Freitag zur Arbeit gingen, standen zwei neue NSU-Lambretta-Motorroller für sie bereit: spendiert von Betten-Holm. Jupp Posipal wußte damals noch nicht, daß in Dingolfing ein Konkurrenzprodukt auf ihn wartete ...

Hans Bauer hatte den kürzesten Weg: er blieb in München. Auch sein Arbeitgeber stieß ins Marketing-Gefilde vor: Die Shell AG veranstaltete einen Ehrenabend, Presse und die Stadtverwaltung waren dabei.

Ruhiger verlief die Rückkehr von Heinz Kubsch nach Pirmasens. Freunde hatten immerhin sein Zigarrengeschäft mit Blumen und Girlanden verschönert.

In Frankfurt habe es keinen Triumphzug gegeben, bedauerte der »Kicker« am 12. Juli: »So etwas ist in der Mainmetropole nicht drin. Es sei denn, daß einer Tausendmarkscheine unter das Volk würfe.« Tausendmarkscheine hatten Richard

Karl Mai und Max Morlock mit Geschenken

Hermann und Alfred Pfaff, die beiden Frankfurter Nationalspieler, aber nicht aus Spiez mitgebracht.

»Mein Gott, hab' ich einen Durst«, stöhnte Karl-Heinz »Gala« Metzger, als er in Kassel eintraf. Sein Verein und die Presse hatten sich eingefunden; im zugigen Bebraer Bahnhof stießen schon seine Frau und seine kleine Tochter zu ihm. Für Ulrich Biesinger hatten seine Freunde ein grün umranktes Schild an der Haustür angebracht: »Herzlich willkommen«.

Erheblich mehr Wirbel gab es um Rahns Rückkehr nach Essen. Mehr als 100.000 Leute standen am Bahnhof und vor dem Rathaus: »Wir wollen Rahn sehen«. Nicht einmal die dicken Rathausmauern boten Lärmschutz. Oberbürgermeister Toussaint mußte seine Rede immer wieder unterbrechen, weil die »Rahn«-Schreie durch die Mauern drangen. Helmut Rahn freute sich über ein zeitgemäßes Bowle-Service und eine silberne Schale, die er von der Stadt Essen erhielt.

Den längsten Triumphzug außerhalb von Kaiserslautern erlebten Toni Turek, Mannschaftsarzt Franz Loogen und Masseur Erich Deuser. Zwei Vierspänner und ein Achtspänner, ein Kabriolett, ein halbes Dutzend Wagen mit Vertre-

Karl Mai und Herbert Ehrhardt in Fürth

tern der Stadt Düsseldorf und von Tureks Verein, der Fortuna Düsseldorf. Weiter marschierten zwei Trommlerkorps, zwei Musikkapellen und ein langer Zug von Fahnenträgern: fünfzehn verschiedene Schützenfahnen und die Standarte der »Düsseldorfer Jonges«.

Toni Turek wurde auf einem Bierwagen durch die Stadt gefahren. »Es wurde ein Triumphzug, wie ihn Düsseldorf kaum je gesehen hat«, schrieb die »Rheinische Post«. Fast 200.000 Menschen waren auf den Beinen. »Ob wohl wirklich jemand kommt?«, hatte Toni Turek am Vorabend noch bänglich gefragt. Am nächsten Tag dankte er den Brauereien, die uneigennützig ihre herrlichen Pferde und Wagen zur Verfügung gestellt haben. »Der gehässige Vorwurf«, so die »Rheinische Post«, »Düsseldorf sei eine sportfeindliche Stadt, muß ja verschwinden, wenn sein oberster Bürger sich so begeistert zu den sportlichen Idealen bekennt. Oberbürgermeister Gockeln schilderte die Begeisterung, mit der die Heimat die Taten der deutschen Mannschaft verfolgt habe und deren Niederschlag der triumphale Empfang in der Heimat gewesen sei. Er sei völlig verdient, hätten die Spieler doch un-

Max Morlock beim Empfang im Nürnberger Station

möglich Scheinendes geschafft und eine sportgeschichtliche Leistung vollbracht.«

Gockeln fuhr fort: »Um die Strapazen der Popularität auszuhalten, bedürfe es eines gemütlichen Heimes, und so habe man einen schönen Teppich für ihn ausgesucht, um noch mehr Behaglichkeit in seine Wohnung zu bringen.« Eine sichere Arbeit bei den Düsseldorfer Verkehrsbetrieben, ein Teppich, ein Kronleuchter, ein Fernseher, ein Kühlschrank und auch noch ein Auto – ein DKW 3-Zylinder –, das machte Turek zu einem echten Pionier des »Wirtschaftswunders«. Nur in Maßen spendabel zeigte sich jedoch der Besitzer von Tureks Garage. Er setzte die Miete herunter – von 20 DM auf 15, weil Turek so fabelhaft gespielt habe …

In Gelsenkirchen ließ sich Berni Klodt feiern, Heinrich Kwiatkowski nicht. Der Torhüter stand in Basel am 20. Juni 1954 zum ersten Mal im Tor der Nationalmannschaft und kassierte gegen Ungarn acht Treffer. Er dachte, er könne sich danach zuhause nicht blicken lassen. Wie die ungarische Nationalelf, die hinter der ungarischen Grenze aus dem Zug ausgestiegen und in Pkw's heimlich ihre Heimatorte ange-

Heinrich Kwiatkowski als Reprofotograf

Seite 131: Empfang im Dortmunder Hauptbahnhof für Heinrich Kwiatkowski

steuert hatte, nahm er in Essen ein Taxi. Die Gelsenkirchener hatten vergeblich einen Empfang auch für ihn vorbereitet.

Heinrich Kwiatkowski stammte aus Gelsenkirchen, genauer aus dem Stadtteil Schalke. Er hatte von 1947 bis 1950 auch für Schalke 04 gespielt. Nach zwei Jahren bei Rot-Weiß Essen wechselte er dann zu Borussia Dortmund. Als er dann am 8. Juli mit dem Zug nach Dortmund fuhr, kam er doch noch zu »seinem« Empfang vor etwa 10.000 Menschen. Sie geleiteten ihn zum Hotel Bender, dem Vereinslokal der Borussia. Dort ehrte ihn Oberbürgermeister Dieter Keuning und überreichte ein Mokka-Service von Rosenthal. Am nächsten Tag war eine Feier bei den Stadtwerken vorbereitet, zu der Heinrich Kwiatkowski von der großen BMW-Limousine Hans Baadens, des Direktors der Stadtwerke, abgeholt wurde. Richard Rost, sein Abteilungsleiter und Erich Meier, der Arbeitsdirektor, erwarteten ihn zusammen mit Hans Baaden und einer Reihe von Kolleginnen und Kollegen auf dem Hof der Hauptverwaltung. Baaden übergab dem Nationaltorwart ein zwölfteiliges Frühstücksbesteck. Seine Kollegen hatten dafür gesammelt. Anschließend gab es ein Sektfrühstück, zu

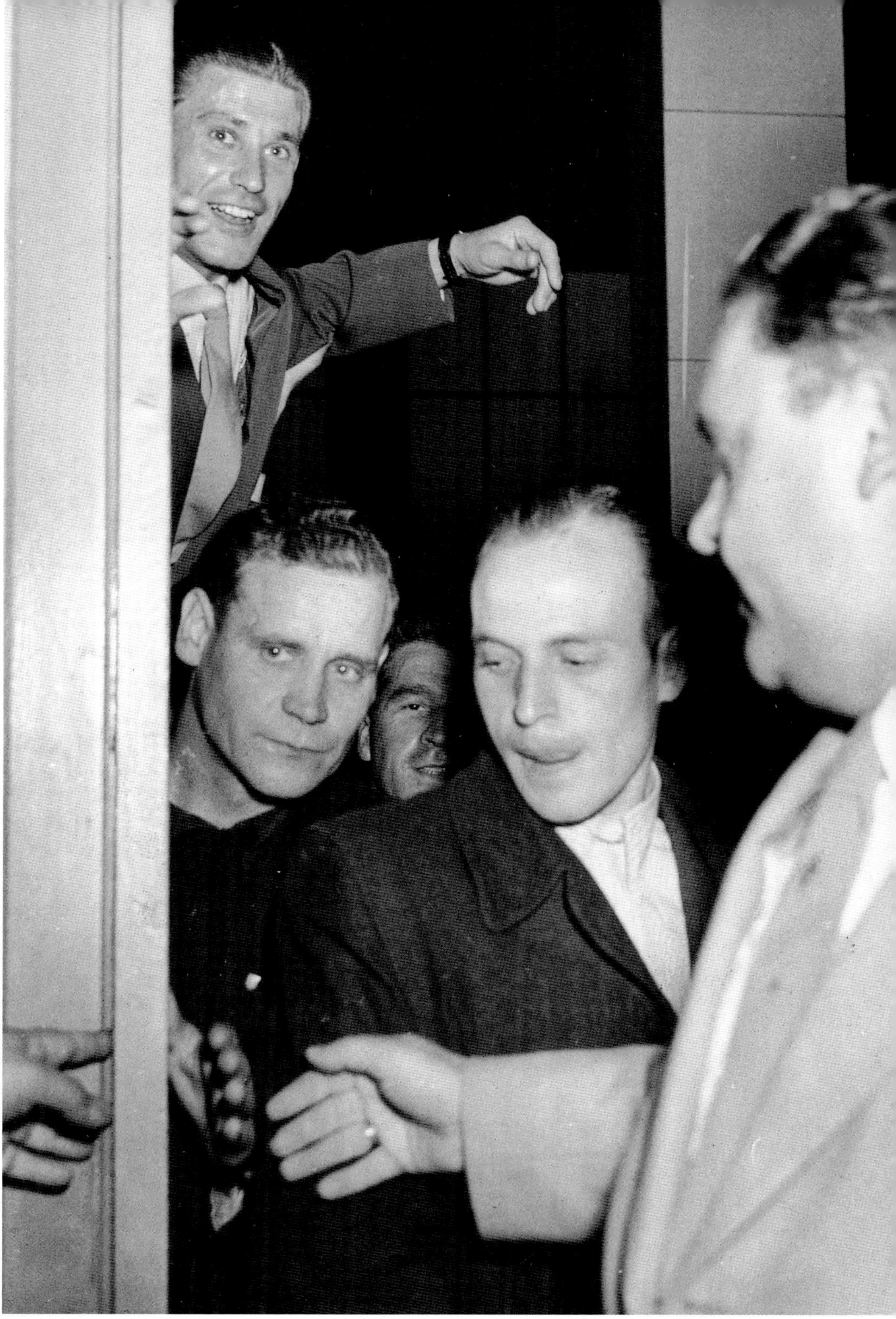

Heinrich Kwiatkowski mit seinen Chefs bei den Stadtwerken Dortmund

dem der Betriebsrat, die Spieler der Borussia, die bei den Stadtwerken arbeiteten, und die Geschäftsleitung geladen waren. Anschließend wurde privat und ruhrpöttisch bis vier Uhr morgens weitergefeiert.

Offensichtlich waren der »Gemeinschaft der Kameraden« enge Grenzen gezogen, denn es gab einen Unterschied zwischen der »guten Elf«, die das Endspiel bestritt, und den elf weiteren Spielern, denen das Etikett »Ersatzspieler« aufgedrückt wurde. Die sogenannten »Ersatzspieler« hatten beim Verteilen verschiedener symbolischer und materieller Anerkennungen zurückstehen müssen. Zum Beispiel beim Fernseher: die elf »guten« bekamen eine Schrankgarnitur, die elf anderen mußten sich mit einem Tischgerät zufrieden geben.

EMPFANG BEIM BUNDESPRÄSIDENTEN IN BERLIN

Am 18. Juli um 8.00 Uhr flogen die Fußballweltmeister in die geteilte Stadt. Die Berliner Flughafengesellschaft überreichte in Tempelhof Fritz Walter – seit München Ehrenspielführer der Nationalelf – ausgerechnet ein Miniatur-Flugzeug. Er war allerdings erst gerade zur Mannschaft gestoßen. Weil er »nicht gern fliegt«, so die »Fußball-Woche«, war er schon am Vortag mit dem Auto gefahren.

Zwölf Teerosen bekamen die Spieler in die Hände gedrückt. Im girlandengeschmückten Omnibus fuhren sie dann zum Rathaus Schöneberg. Zehntausende standen an den Straßenrändern und jubelten. Sie durchbrachen stellenweise die Polizeiketten und warfen Blumen in den Wagen. Der Weg führte über den Tempelhofer Damm, den Mehringdamm, die Yorckstraße, die Goebenstraße, die Potsdamer Straße, die Hauptstraße und die Dominicusstraße zum Schöneberger Rathaus.

Hier hatte der Berliner Senat für 11 Uhr zum offiziellen Empfang geladen. Die Spieler erhielten vom Regierenden Bürgermeister Walther Schreiber (CDU) eine Nachbildung der Freiheitsglocke. Sepp Herberger dankte: »Gerade nach

DFB-Funktionär Huber und Fritz Walter auf dem Flughafen Tempelhof

Berlin sind die deutschen Spieler gern gekommen, denn sie wissen wie alle, wie schwer der Existenzkampf der Berliner seit Jahren ist.« Er spielte damit auf die deutsche Teilung und die Menschen in der DDR an, die damals allerdings immer noch »Sowjetzone« genannt wurde. Auch dort registrierte man das Ereignis Fußballweltmeisterschaft.

Das »Neue Deutschland«, das Zentralorgan der SED, erwähnte am 23. Juni 1954 etwas hämisch »die Niederlage gegen Ungarns Fußballkünstler, die von ihrem Arbeiter- und Bauernstaat alle Voraussetzungen erhalten, um hohe Leistungen zu erzielen.« Mit Skepsis beobachtete das SED-Blatt die Fußball-Weltmeisterschaft 1954 weiter. »Brasilianer entpuppen sich als tollwütige Raufbolde«, hieß die Überschrift über einem Artikel vom 30. Juni, in dem Tumulte brasilianischer Fans im Spiel Brasilien gegen Ungarn (2:4) liniensicher kommentiert wurden: »Das ist das Resultat, wenn die amerikanische Unkultur auch im Sport ihr Unwesen treibt.«

Zum Foulspiel von Liebrich am ungarischen Mannschaftskapitän Puskas im ersten Spiel der Deutschen gegen die Ungarn meinte das »Neue Deutschland«: »... daß solche Vor-

Ankunft vor dem Rathaus Schöneberg

kommnisse, wie sie Werner Liebrich praktizierte, die Folge der Verfallserscheinungen im kapitalistischen Sport sind, bei dem das Geschäft im Vordergrund steht.«

Das »Interesse an der amerikanischen Unkultur« war allerdings groß. So brachten DDR-Zeitungen regelmäßig relativ neutrale Berichte über den Verlauf der Fußballweltmeisterschaft, obwohl die DDR eher auf andere Sportarten und andere Sporthelden setzte wie den Radfahrer Täve Schur. Das hinderte aber pferdesportbegeisterte Besucher der Rennbahn Karlshorst überhaupt nicht, am 4. Juli mit lautem Geschrei durchzusetzen, daß die Rennleitung per Radio das Endspiel von Bern übertragen ließ.

Mittags waren die West-Weltmeister Gäste des Berliner Kultursenators Tiburtius. Mannschaft und Offizielle vergnügten sich an Schildkrötensuppe und Hühnerbrust im, so die »Fußballwoche«, »feudalen Haus Gehrhus«. Anschließend fuhren sie ins Heim des Verbandes Berliner Ballspielvereine. Hier »wartete schon Hausvater Birlem mit der Kaffeetafel«.

Gegen 16 Uhr liefen im Berliner Olympiastadion die letzten Entscheidungen der norddeutschen Leichtathletik-Mei-

Vor dem Rathaus Schöneberg

Seite 136: Eintreffen von Bundespräsident Heuss vor dem Olympiastadion

sterschaften. Einen »bunten Rasen« bot die Berliner Sportjugend, der sich dann zu einem Spalier verwandelte, durch das die Fußballnationalspieler zu Bundespräsident Theodor Heuss gelangten. Günther Dorow, frischgebackener norddeutscher Meister im 1500-Meter-Lauf, entzündete dafür das Olympische Feuer am Marathontor – zum ersten Mal seit 1936, wie der »Tagesspiegel« am 20. Juli lapidar vermerkte.

Völlig unverhofft erntete Theodor Heuss frenetischen Beifall, als er den Radio-Reporter Herbert Zimmermann für sein schnell dahergesagtes Wort über Torhüter Turek (»Toni, du bist ein Fußballgott«) kritisieren wollte. Die 80.000 Zuschauer unterbrachen ihn, an der falschen Stelle klatschend.

Anschließend lieferte Heuss Pädagogik für demokratische Laien. Jedes Wort der dritten Strophe des Deutschlandliedes sprach er vor. Keiner sollte mehr sagen können, ihm sei nur die erste Strophe eingefallen, wie vor zwei Wochen im Berner Wankdorfstadion. Und er warnte, Bauwens im Visier, vor einer Vermischung von Sport und Politik.

Die hunderttausend Menschen im Berliner Fußballstadion sangen nach Heuss' Vorgaben die dritte Strophe. Dann wie-

Im Olympiastadion

Vor dem Rathaus Schöneberg

der Jubel: »Mit Sprechchören und Zurufen wurden die Fußballweltmeister nach der Siegerehrung aufgefordert, die Ehrenrunde nicht zu vergessen. Als sich die Fußballelf darauf auf die Aschenbahn begab, wurde sie auf ihrem Wege um den grünen Rasen von vielen Fußballenthusiasten bestürmt«, schließt der »Tagesspiegel« am 20. Juli seinen Bericht.

Am folgenden Morgen, am 19. Juli sollte es nach Frankfurt gehen. Bundesinnenminister Gerhard Schröder (CDU) wollte die Spieler in Bonn empfangen. Er war am 4. Juli nicht beim Endspiel: am Tag des Weltmeisterschaftsfinales weilte er standesgemäß beim vornehmen Hamburger Derby.

BONNER BÜRDEN – SCHRÖDERS KOFFER

»Warum sollte uns, die wir die Bürde, Bundeshauptstädter zu sein, immer mit Fassung getragen haben, jetzt gerade diese schöne Gelegenheit entgehen?« Das fragte die »Bonner Rundschau« am 7. Juli 1954. Die »schöne Gelegenheit« war die Verleihung des Silberlorbeers an die Nationalspieler. »Sollte nicht das«, fragte das Blatt weiter, »was den kleinen Orten Süddeutschlands recht ist, der Bundeshauptstadt billig sein?« Es wurde billig.

Allerdings schlug Sepp Herberger die Idee aus, mit der Köln-Düsseldorfer Dampfschiffahrtsgesellschaft von Mainz mit dem Schiff nach Bonn zu fahren. Stattdessen hielt er sich an das »Programm um die Silber-Lorbeer-Überreichung an die Deutsche Fußball-Nationalmannschaft«, wie sie in den Akten des Bundesinnenministeriums archiviert ist. Für Montag, den 19. Juli, war dort nach der Landung aus Berlin vorgesehen: »Sofort Umsteigen in bereitstehende Personenkraftwagen des Bundesgrenzschutzes«.

»Ewe komme se!« Kurz vor 12 Uhr waren Fans auf den Frankfurter Flughafen geeilt, um die Weltmeister aus ihrem Berlin-Clipper steigen zu sehen. Sie peilten durch die Gitter-

stäbe auf die Maschine. Als das Tor geräumt wurde, bildeten sie ein Spalier auf dem Bürgersteig. Die Fußballweltmeister stiegen sofort in die grünen VW-Kabrioletts des Bundesgrenzschutzes, die sie zunächst zum Waldhotel Unterschweinstiege brachten. Dort holten sie noch Rasierapparate, Zigarettendosen und Bowlenkrüge ab, in deren silberne Deckel der Hotelier seine Grüße hatte eingravieren lassen.

Olympiastadion Berlin, 18. Juli 1954
Von links: Frau Ehlers, Bundespräsident Theodor Heuss, Hermann Ehlers, Präsident des Deutschen Bundestages, Erich Ollenhauer, Vorsitzender der SPD, und Thomas Dehler (FDP)

DFB-Generalsekretär Georg Xandry gab im alten Jargon das Kommando »Aufsitzen«, berichtete die »Frankfurter Rundschau« am 20. Juli. Alle folgten – bis auf Toni Turek. Dieser steuerte eigenhändig seinen DKW-3-Zylinder von der Auto-Union.

Um 15.30 Uhr verfinsterte sich der Himmel und ein mächtiger Regenschauer überschüttete die mehreren Zehntausend Bonnerinnen und Bonner, die sich an den Straßen aufgestellt hatten. Die Weltmeister nahmen Kurs auf den »Bergischen Hof«, den Ort des weiteren Programms. Am Fenster des ersten Stockes wiederholte sich das Winken: Fritz Walter, Hans Schäfer, Toni Turek – die Fans wollten jeden Spieler mit der Coupe Rimet sehen.

Nürnberg: Auch Karl Mai erhielt einen DKW als Geschenk

Nur eine Gruppe ausländischer Studenten unter Führung eines Universitätslektors stellte »gesunden Ausgleich« her, wie die »Bonner Rundschau« am 20. Juli notiert. Als die Fußballer im Jubelsturm den »Bergischen Hof« betraten, schauten sie sich in aller Ruhe das Beethoven-Denkmal an.

Die Weltmeister kamen langsam in ihren regennassen Hosen in den Festsaal. Der große Ansturm von Autogrammjägern und der Jubel hatte den Zeitplan etwas durcheinandergebracht. Als alle da waren, hielt Bundesinnenminister Schröder seine Rede, wobei die Weltmeister öfters zum festlich gedeckten Tisch im Nebenzimmer schielten. Nach Meinung der versammelten Pressevertreter kann Langeweile dafür kaum der Grund gewesen sein. »Es war eine vorbildliche Rede«, schrieb die Frankfurter Allgemeine Zeitung am 21. Juli.

Schröder, fast schon im Stil eines Außenministers (der er später wurde), sagte: »Wir haben uns allerdings stets gegenwärtig zu halten, daß wir etwas kritischer unter die Lupe genommen werden als andere. Die Gründe dafür liegen auf der Hand, und die Tatsache selbst kann nur von Vorteil für uns

Peco Bauwens bei der Eintragung ins Goldene Buch der Stadt Bonn

sein. Wer aber andererseits die Begeisterung für den Fußball gerade bei uns Deutschen und die zurückliegende Wirklichkeit der hinter uns liegenden Zeit kennt, wird auch Verständnis dafür aufbringen, daß gerade Ihr Sieg in Bern uns ein echtes und reines Gemeinschaftsgefühl geschenkt hat; es hätte in der gegenwärtigen Zeit kaum aus einem schöneren Anlaß geschehen können. Glücklichere Nationen haben andere Anlässe oder Symbole, die ihnen solche Gefühle ermöglichen.«

Kein Wunder, daß Peco Bauwens »mit einem etwas langen Gesicht« zur Rechten des Bundesinnenministers saß, wie die »Neue Rhein Zeitung« am 20. Juli beobachtete. Sein penetranter Nationalismus war offenbar nicht gefragt, die Vergangenheit sollte durch laute Reden nicht in Erinnerung gerufen, sondern eher dezent abgemeldet werden.

Schröder weiter: »Die Begeisterung hat alle Deutschen erfaßt ohne Rücksicht auf Zonengrenzen und Meinungsverschiedenheiten .... Ihr Erfolg im Ringen um die Weltmeisterschaft ist erkämpft worden, weil aus den einzelnen Spielern, die zum Sammeln fuhren, eine geschlossene, fest zusammenhaltende Mannschaft von elf Kameraden geworden ist.«

Herbert Ehrhardt (links) und Karl Mai in Fürth

Am Schluß seiner Rede überreichte der Minister »als bescheidenes Zeichen der Erinnerung eine praktische Gabe ... Sie wird Ihnen ... Ihre künftigen Reiseaufgaben erleichtern.« Was so umständlich angekündigt wurde, war für jeden Spieler ein Koffer, mit einer kleinen Silberplatte verziert, die folgende Aufschrift trug: »Ehrengabe für den Sieger in der Fußballweltmeisterschaft 1954. Bonn, den 19. Juli 1954. Der Bundesminister des Innern«. Pro Stück kosteten die Silberschilde mit Gravur 21 DM; die »Vollrindl. Zentauer für Fußballmannschaft« 57,60 DM. Die Koffer wurden direkt bei einer Offenbacher Lederfabrik abgeholt – um Kosten zu sparen.

Sparen und Reisen – das ging damals noch nicht so recht zusammen, die große Reisewelle begann erst Ende der fünfziger Jahre, nachdem Löhne und Urlaubszeiten gestiegen waren. 1954 konnten sich erst fünf Prozent der Deutschen einen Urlaub im Ausland leisten.

Willy Daume, der damalige Präsident des Deutschen Sportbundes, wartete anschließend mit einer besonderen Pointe auf. Er verlieh eine Frauenfigur aus Porzellan an Peco Bauwens. »Damit sich in Zukunft vielleicht auch mal der

Hotel
Bergischer Hof · Bonn
MODERNSTES HAUS – CAFÉ – RESTAURANT – BAR – LUCULLUS STUBEN – BIERSCHÄNKE „HÄHNCHEN"
BESITZER: W. SAURE

BONN, den 8. Juli 1954

Menübeispiele an das Bundes - Innenministerium für den 19.7.54

DM 6.--

Geflügelcremesuppe "Posipal"
Gespicktes Rinderfilet " Kaiserslauterer Art"
Pariser Kartoffeln
Eisbombe " Turek "

DM 8.--

Champignons auf Toast " Schäfer Art "
Ochsenschwanzsuppe
Rumpsteak nach Fritz Walter
gemischter Salat "Rahn" - pommes frites
Eisbecher "Fussball - Weltmeister"

DM 8.5o

Geflügelsalat "Turek "
Ochsenschwanzsuppe
Filetsteak m.sc."Liebrich"
gemischter Salat "Schäfer Art"
pommes frites
Weltmeisterschaftsbombe 3:2

DM 9.--

Gemischte Vorspeise auf "Morlock Art"
Kraftbrühe " Rahn "
Kalbssteak " Gebrüder Walter "
Salat "Posipal " - Petersilienkartoffeln
Fruchtsalat "Kohlmeyer "

DM 1o.--

Schildkrötensuppe " Grandios "
Seezungenröllchen mit Spargelspitzen
"Berner Tunke" Salzkartoffeln
Filetsteak "Weltmeister Art"
Ung. Paprika Salat - Mandelkartoffeln
Herberger Fruchtsalat mit
Schweizer Enzian

Mahlzeit, aber in Spiez. Von links: Kwiatkowski, Laband, Herberger

Seite 146: Menüvorschlag für Bonn

Frauen-Fußball durchsetzt, habe ich dieses kleine Figürchen für Sie gekauft.« Die Figur hatte einen vergoldeten Fußball am Fuß, den sie mit »wuchtigem Rahn-Schuß«, so Daume, ins Tor feuerte.

Nach den Reden ließen sich die Spieler an den gedeckten Tischen nieder. Dem Minister gegenüber saß Carl Diem, der Direktor der Sporthochschule Köln. Peco Bauwens, Hans Huber und Georg Xandry waren natürlich auch dabei, so die Macht der Vereinsfunktionäre demonstrierend.

Zum Scherzen aufgelegt war wohl der Chefkoch des Bergischen Hofes. Er bot dem Innenministerium am 8. Juli als Menüvorschlag eine Geflügelcremesuppe »Posipal« an, dazu eine Kraftbrühe »Rahn« und ein Kalbssteak »Gebrüder Walter«. Als Beilage hatte er »Ungarischen Paprika Salat« im Angebot, gekrönt von einem »Herberger Fruchtsalat mit Schweizer Enzian« oder einem Fruchtsalat »Kohlmeyer«.

Das Sportreferat des Ministeriums entschied sich schließlich für Geflügelcremesuppe »Turek«, Kraftbrühe »Rahn«, Kalbssteak »Gebrüder Walter«, gemischter Salat »Liebrich«, »Schäfer«-Kartoffeln und »Weltmeisterschaftseisbombe 3:2«

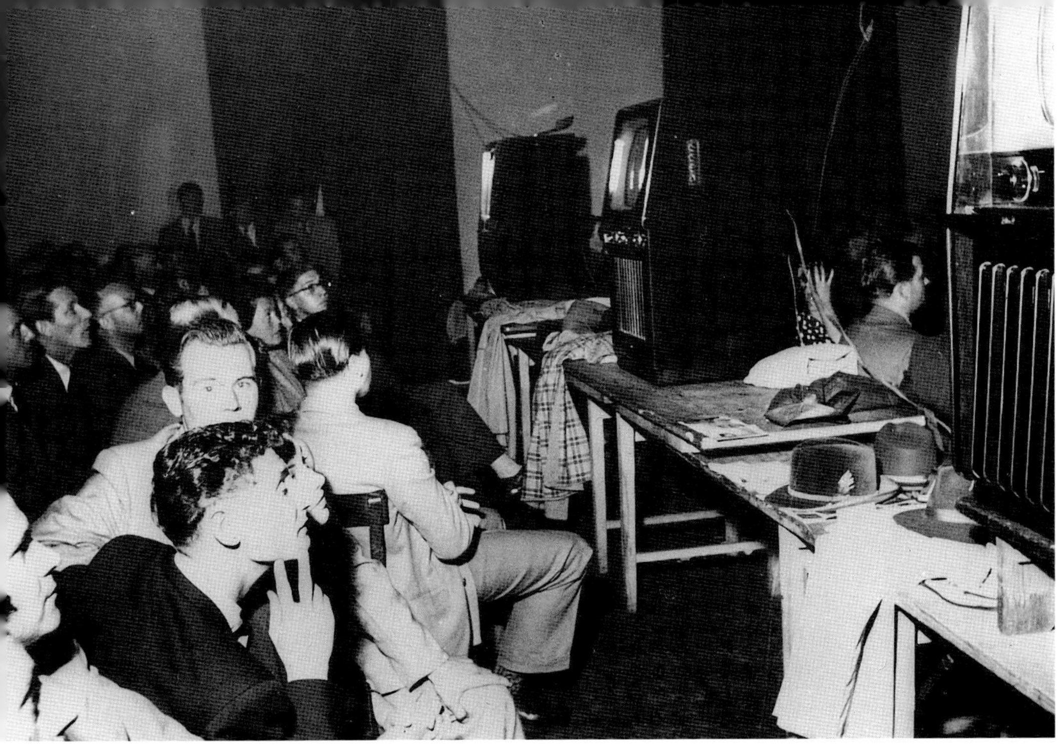

Fußball im Fernsehen, 4. Juli 1954

Nach dem Dinner fuhren die Weltmeister ins Alte Rathaus. Sie sollten »auch in Zukunft einfache und bescheidene Menschen bleiben«, meinte Bürgermeister Heinz Stelling. Salutschüsse böllerten durch die Stadt, als sie sich ins Goldene Buch eintrugen. Als Fritz Walter vom Bürgermeister die »Goldene Meisterplakette« verliehen bekam, verbeugte er sich am tiefsten, wie die »Neue Rhein Zeitung« am 20. Juli schrieb. Anschließend bekamen die Spieler endlich ihren versprochenen Fernsehapparat.

Erich Graetz, der Vorsitzende der Fachabteilung Rundfunk und Fernsehen im Zentralverband der Elektroindustrie, sagte: »Der deutsche Fußballsport hat durch das Fernsehen viele neue Freunde erhalten«. Es war wohl umgekehrt: der Fußball machte eher das Fernsehen populär …

SCHLUSSAKT IN DINGOLFING

»Ganz Dingolfing war aus dem Häuschen« (Isar-Post vom 31. Juli 1954). In Dingolfing, einer Kleinstadt in Niederbayern, war die Firma Glas beheimatet, und die war zu jener Zeit bestrebt, die Deutschen mobil zu machen: Dingolfing nannte sich selbst die »Goggostadt«, die Firma Glas produzierte Goggomobile und Goggomobil-Motorroller.

In Dingolfing beging man am Tage der Fußballweltmeisterschaft das Landestrachtentreffen. »Der Jubel kannte keine Grenzen«, als das Endspielergebnis bekannt wurde, so die Isar-Post, »nicht geringer war die Begeisterung, als Hans Glas am Lautsprecher dann verkündete, daß er versuchen würde, die siegreiche Mannschaft nach Dingolfing einzuladen, um jedem Spieler einen Goggo-Motorroller zu verehren.« Ein zwölfköpfiger Arbeitsausschuß nahm sich der »denkwürdigen Stunden« an (Dingolfinger Anzeiger, 24. Juli 1954), die nach den Worten des Landrats »die Stadt Dingolfing in den Mittelpunkt des Interesses von Millionen« rücke.

Zwar kamen die Spieler wegen eines Verkehrsstaus eine Stunde zu spät, doch im Fußballstadion herrschte prächtige Stimmung. Auf dem Podium standen zwölf grüne Goggomo-

bil-Motorroller der Luxus-Ausführung, mit je einem Namensschild der künftigen Besitzer versehen. Die begeisterten Zuschauer stürmten in den Innenraum des Stadions. Sepp Herberger dankte für die Motorroller und sagte, daß »der große Wurf« nur wegen des »eiserne(n) Training(s) jedes einzelnen Spielers und der vorbildlichen Kameradschaft in der Mannschaft« gelungen sei (Isar-Post, 31. Juli 1954). »Glauben sie uns, wir zwölf haben in harten und schlechten Tagen durchgehalten und werden es noch weiter tun, auch wenn Rückschläge kommen sollten«.

Die Goggo-Roller mit Namensschildern in Dingolfing

Dann drehten die Spieler eine Ehrenrunde auf dem Motorroller – jeder hatte einen weißgekleideten Fahrer vom Goggo-Werk, Sepp Herberger eine Fahrerin gestellt bekommen. Anschließend begab sich die Weltmeisterelf in das Goggomobil-Werk, wo die Arbeiter bis die Mannschaft kam, durchgearbeitet hatten. »In Dingolfing (sei) jetzt keine Zeit zum streiken«, meldete der Dingolfinger Anzeiger am selben Tag. Die Zweiradindustrie boomte gerade, das Auto war für die meisten noch unerreichbar teuer. 60.000 Goggo-Roller liefen von 1951 bis 1955 vom Band. Entwickelt wurden dann Zwi-

Goggo-Fahrer auf Luxusmodellen

schenstufen: kleine Autos, die wie das Goggomobil auch mit Motorradführerscheinen gefahren werden konnten (fast 300.000 Exemplare wurden zwischen 1955 und 1969 davon in Dingolfing produziert).

In der Innenstadt waren die Häuser geschmückt und »illuminiert«, die Gaststätten hatten Tische und Bänke aufgestellt. »Es war ein Fest nicht nur für die Stadt und den Landkreis Dingolfing, sondern für ganz Niederbayern, das bisher immer etwas stiefmütterlich behandelt wurde und das nun einmal im Mittelpunkt« stand, schrieb die Isar-Post. Und der Dingolfinger Anzeiger ergänzte: »Die Stadtkapelle musizierte fleißig. Die Stimmung war gut. Die Nationalelf hob den Maßkrug und ließ das schöne Dingolfing mit dem Schwammerling hochleben.«

Der Schlußakt im Finale Grande war damit erreicht, das die Schweizer »National-Zeitung« zu dem erleichterten Kommentar animierte: »Daß man sich in Deutschland noch mehr von einem Spiel als von Militärmärschen begeistern lassen kann, ist eigentlich eine Offenbarung ...«

Auskunft

»Die Welt ist kein Fußball«

NACHWORT VON HERMANN GLASER

»Die Welt ist zwar kein Fußball«, so der vom »Rasen-Schach« begeisterte Schriftsteller Ror Wolf, »aber im Fußball, das ist kein Geheimnis, findet sich eine ganze Menge Welt. Es ist eine bisweilen bizarre Welt, in der unablässig Gefühlsschübe aufeinanderprallen; Emotionen, die jederzeit in ihr Gegenteil umschlagen können: Entzücken in Entsetzen, Begeisterung in Wut, Verzweiflung wieder in Entzücken.« Als der Rechtsaußen Helmut Rahn mit einem Schuß aus halblinker Position am 4. Juli 1954 in Bern in der 84. Minute mit einem richtigen Tritt gegen die Lederkugel die Fußballweltmeisterschaft für die Bundesrepublik Deutschland entschied, gab es nur noch die Ekstase des Glücks; die Gefühlsschübe kannten keine Grenzen mehr. Die bizarre Welt des sich anbahnenden Wirtschaftswunders fand einen eindeutigen, der westlichen Hälfte der geteilten Nation wieder zu einem Über-Ich verhelfenden Beziehungspunkt. Peco Bauwens, der Präsident des Deutschen Fußball-Bundes, um markige Sprüche nie verlegen, meinte, daß seine Jungs aus dem »Endkampf« siegreich hervorgegangen wären, warnte allerdings vor übertriebenem Nationalismus.

Die tiefenpsychologische Bedeutung des gewonnenen, bedeutsamen Spiels lag wohl darin, daß man sich, auch wenn man bislang keineswegs mit besonderer Intensität »Trauerarbeit« geleistet hatte – sie hätte, zu Melancholie und Verzweiflung führend, die deutsche Aufbau-Aktivität gelähmt –, endlich in seiner Identität wieder stabilisiert fühlte. Nun konnte man lautstark Überlegenheit zur Schau stellen, sich im Gefühlsraum des Fußballerfolges, ansonsten niedergestimmt durch den totalen Krieg und die totale Niederlage (so total, daß eine Dolchstoßlegende nicht aufkommen konnte), in der Rolle des Siegers fühlen; ein Sieg, bei dem man keinen anderen hatte »niederwerfen« müssen, denn das Gegeneinander im sportlichen Wettkampf war letztlich ein friedlich-faires Miteinander.

In der zwei Jahre nach der Weltmeisterschaft uraufgeführten »tragischen Komödie« »Der Besuch der alten Dame« von Friedrich Dürrenmatt zeichnet der »Schlußchor« ein Psychogramm des Wohlstandsglücks:

»*Die Frauen:* Ziemende Kleidung umschließt den
zierlichen Leib nun
Der Sohn: Es steuert der Bursch den sportlichen Wagen
Die Männer: Die Limousine der Kaufmann
Die Tochter: Das Mädchen jagt nach dem Ball
auf roter Fläche
Der Arzt: Im neuen, grüngekachelten Operationssaal
operiert freudig der Arzt
Alle: Das Abendessen
Dampft im Haus. Zufrieden
Wohlbeschuht
Schmaucht ein jeglicher besseres Kraut
Der Lehrer: Lernbegierig lernen die Lernbegierigen.
Der Zweite: Schätze auf Schätze türmt der
emsige Industrielle
Alle: Rembrandt auf Rubens
Der Maler: Die Kunst ernähret den Künstler
vollauf.

Der Pfarrer: Es berstet an Weihnachten, Ostern
und Pfingsten
Vom Andrang der Christen das Münster
Alle: Und die Züge,
Die blitzenden hehren
Eilend auf eisernen Gleisen
Von Nachbarstadt zu Nachbarstadt,
völkerverbindend,
Halten wieder.«

Da ist – natürlich ironisch gebrochen – alles präsent, was die Träume, bald auch die Wirklichkeit im »Reich der großen Mitte« ausmachte. Viele jedoch (um mit Bert Brecht in »Aufstieg und Fall der Stadt Mahagonny« zu sprechen) spürten: »Aber etwas fehlt.« Schön und angenehm waren der wirtschaftliche und zivilisatorische Fortschritt, die Amerikanisierung des Lebens; aber es fehlte das solidarisierende »Große«. Schön und ertragreich waren die fetten Gewinne der mächtigen Männer und Monopole; aber dem Geldzählen ging die Heroik des Außergewöhnlichen ab. Schön und und zufriedenstellend verlief der Aufstieg der sich nach oben nivellierenden Mittelstandsgesellschaft; aber es fehlte vorwärtsreißende Dynamik. Schön und erbaulich empfand man den gepflegten Kulturbetrieb (Karajan-Zeit); aber es fehlte das Erhabene.

Dennoch erstaunlich, daß – bei aller lang und tief eingewurzelten Fußballballbegeisterung in deutschen Landen – der Erfolg bei der Weltmeisterschaft ein so großes triebdynamisches Potential freisetzte; sieht man von einigen durch die großen Menschenmengen hervorgerufenen Rempeleien ab, die man ob des vorwaltenden Enthusiasmus getrost übersehen konnte, so ergab sich jedoch ein nationales Fest ohne besondere hysterisch-aggressive Abreaktionen.

Der Fußball zeigte sich als bedeutsames Emblem: als Schlüssel für einen lange Zeit verdüsterten Gefühlsbereich, in den, trivialpoetisch gepriesen, die Strahlen des Wir-sind-wieder-wer eindrangen. Den deutschen nationalistischen Sonderweg hatte man, notgedrungen, verlassen; das war mit einem, materiell nicht vollständig zu kompensierenden Minderwertigkeitsgefühl verbunden. Dieses konnte nun überwunden werden. Das ausgeprägte »Heimspielbewußtsein« – es gab 600-700.000 Fußballspieler, allsonntäglich im Durchschnitt 5 Millionen Zuschauer – hatte die Chance, ins Globale auszubrechen.

Die Schilderung des Siegeszuges nach dem »Finale Grande«, wie sie Alfred Georg Frei vorlegt, stellt eine treffsichere Sondierung der die Bundesrepublik in dieser Zeit tragenden Mentalitätsschichten dar. Zugleich ergibt der Siegeszug in den Geschenken und Ritualen, mit denen man die immer müder werdenden Helden überhäufte, ein Vademekum durch die materielle Alltagskultur der fünfziger Jahre. Der »gesunde Sport« stand gewissermaßen zwischen dem süßen und dem kargen Leben, so wie das Wort »frugal« ambivalent aufs Mäßig-Einfache wie Üppig-Schlemmerhafte verweist. Für die damalige Zeit war ziemlich unvorstellbar, daß der Sport, gerade auch der Fußball, das Mittelfeld verlassen und rücksichtslos sich in die kapitalistischen Spitzenzonen hineinmanipulieren, die Werte hinter sich lassen und allein noch die Preise adorieren würde – »Monopoly zwischen den Torstangen«. Mit Nostalgie nimmt man zur Kenntnis, daß die Spieler der Nationalmannschaft in Dingolfing lediglich einen bescheidenen Goggo-Roller als Geschenk erhielten. Dies und andere Zuwendungen (zum Beispiel Polstergarnituren – neben der monetären Auszeichnung von 2.500 DM) hätten dennoch sicherlich mehr Kritik erfahren, wenn die Begeisterung nicht so »überlagernd« gewesen wäre.

Der Sport war von der Mercedes-Welt, wie sie autofetischistisch die Edelprostituierte Rosemarie Nitribitt als zwielichtiger Stern am Himmel der politischen und wirtschaftlichen Korruption personifizierte (»der Engel mit dem SL«), noch weit entfernt; der Sport, dem Ideal altfränkischer Kameradschaft anhängend, hielt zu den reichen Männern und schönen Mädchen noch einigermaßen Distanz. »Die reichen Männer stellten nicht nur fest, daß dieses Mädchen teurer war, weil es einen teuren Wagen fuhr, den Wagen, den sie selbst fuhren oder hätten fahren können, wenn sie gewollt hätten; sie sahen auch angesichts dieser schamlosen und radikalen Person im offenen Wagen eine Art körperlicher Vereinigung in Permanenz zwischen einem blonden Mädchen und einem schwarzen Auto ...« (Erich Kuby).

Die Wirkungsgeschichte des Finale Grande ist freilich keine Lesebuchgeschichte aus der guten alten Zeit. Mancher Verlogenheit wäre die rote Karte vorzuhalten; Fehlentwicklungen im Sport hätte man abpfeifen, manche Person, die (wie etwa der vollmundige Carl Diem) fatale Kontinuität zwischen brauner und demokratischer Zeit verkörperte, hätte man auspfeifen müssen. Es grassierte immer noch (wie übrigens auch heutzutage) die semantische Lüge »Mens sana in corpore sano!« (»Ein gesunder Geist in einem gesunden Körper!«). Einen derartigen psychosomatischen Unfug, den gefährlich-ideologischen Wahn der deutschen Turner und Sportler seit Beginn des 19. Jahrhunderts charakterisierend, hatte der römische Satiriker Juvenal nie geschrieben. Das geflügelte Wort heißt: »Orandum est ut sit mens sana in corpore sano« (Bei den Göttern solle man »gesunden Geist in gesundem Leibe erflehen«). Die Epoche des Wirtschaftswunders war überhaupt zu sehr an (falschen) Wirklichkeitsformen orientiert, zu wenig auf Optativ und Möglichkeitssinn setzend. Während die Fußballweltmeisterschaft von Bern ein Wir-sind-wieder-wer zu signalisieren schien, wurde oft genug versäumt, vergessen, verdrängt, daß es eigentlich um ein spirituelles Wir-müßten-viel-mehr-sein hätte gehen müssen. Wie es Thomas Mann in seiner Rundfunkansprache aus dem amerikanischen Exil kurz nach dem Ende des Krieges (10. Mai 1945) an die deutschen Hörerinnen und Hörer erhofft hatte: Furchtbarer, schwer zu tilgender Schaden sei dem deutschen Namen zugefügt und die Macht verspielt worden. »Aber Macht ist nicht alles, sie ist nicht einmal die Hauptsache, und nie war deutsche Würde eine bloße Sache der Macht. Deutsch war es einmal und mag es wieder werden, der Macht Achtung, Bewunderung abzugewinnen, durch den menschlichen Beitrag, den freien Geist.«

DANK

Harald Dunajtschik hat an diesem Buch mitgearbeitet – inhaltlich und organisatorisch. Bettina Brütsch, Corinna Henning, Jutta Janzen, Thomas Krischer, David Oberhuber, Axel Henrici und Christian Schroff haben nacheinander seit 1989 an dem Projekt »Fußballweltmeisterschaft 1954« mitgearbeitet. Reinhild Kappes, Barbara Twele, Susanne Breyer und Christian Becker bereiten die Ausstellung »Weltmeister im Wirtschaftswunder« vor. Das Buch soll die Ausstellung unterstützen.

Gerald Diesener, Michael John, Hans Karl Rupp, Dirk Schindelbeck und Horst Steffens danke ich für ihre Manuskripte, die sie mir zur Verfügung gestellt haben. Sie gingen aus unserer Tagung über die Fußballweltmeisterschaft 1954 und die fünfziger Jahre hervor, die wir am 18./19. Juni 1993 veranstaltet haben. Mit vorbereitet hat die Tagung Alfred Klaiber, dem ich für manchen guten Rat und manche gute Geschichte danke. Die Tagungsbeiträge erscheinen in Heft 29 der »Geschichtswerkstatt«. Im selben Heft werde ich einige methodische Vorüberlegungen zum »Finale Grande« veröffentlichen.

Ernst Steffen, Werner Liebrich, Karl Dietrich, Franz Niedermann, Oswald Burger und Heinrich Kwiatkowski gaben bereitwillig Auskunft. Genauso stellte Werner Trapp seine Ausführungen zum Länderspiel 1937 zur Verfügung. Harald Landefeld brachte Zeitkolorit von Singen 1954 ein. Elisabeth Palm-Baumann danke ich für die Überlassung von Reinhold Palms hervorragenden Aufnahmen aus dem »Triumph-Zug«. Zahlreiche weitere Archive und Fotografen haben ihre Aufnahmen zur Verfügung gestellt; ich erwähne Gerd Rauland vom Stadtarchiv Kaiserslautern und Edgar Obertüfer vom Archiv des Schweizerischen Fußballverbandes in Bern. Berthold Göckel und die Eisenbahnfreunde Hegau halfen mir mit Bildern und Rat. Rolf Burkhart, Helmut Stein und Fritz Besnecker von der VVN/BdA danke ich für ihre Hilfe, Franz Xaver Erber von den »Goggo und Glas-Fahrern Dingolfing« für Informationen über das Goggo-Werk. Eine schöne Zusammenarbeit hatte ich mit Joachim Schweer. Wer mehr über die Vorgeschichte des Finale Grande lesen will, dem sei sein Buch »Der Sieg von Bern«, Kassel 1994, empfohlen. Dieter Schott, Dieter Emig, Hans Karl Rupp und Eberhard Waiz gaben mir freundschaftlich Rat. Ich danke meinen Mitarbeiterinnen und Mitarbeitern des Kulturamts Singen, die mich ausgehalten haben. Und Carin von Plehwe hat mich zum Arbeiten angehalten.

Ich danke zum Schluß Albert Bodenmiller von der Pädagogischen Arbeitsstelle für Erwachsenenbildung (Stuttgart), dem Arbeitskreis für Regionalgeschichte Bodensee sowie der Bezirkssparkasse Singen, die uns ein Stück des finanziellen Risikos abnahmen.

Singen, im März 1994
Alfred Georg Frei

LITERATURHINWEISE

Fritz Walter, 3:2. München 1954. *Sammy Drechsel, Elf Freunde müßt ihr sein.* Ein Fußballroman für die Jugend. Mit einem Vorwort von Fritz Walter, Ravensburg o. J.. *Alfred Georg Frei, »Tor, Tor, Tor!«* Der Triumphzug der Fußballweltmeisterelf 1954: Aufbruch zum Wirtschaftswunder? In: Singener Jahrbuch 1992/93, S. 80-91. *Lutz Niethammer, in: Journal Geschichte* 1/1988, S. 8-11. *Klaus Tenfelde, Adventus.* Zur historischen Ikonologie des Festzugs, in: Historische Zeitschrift 235 (1982), S. 45-84. *Fred Maurer, Spiez.* Ferienort auf historischem Boden, Bern 1986. *Werner Trapp, »Fahret ab, Ihr Sauchaib!«* Das Fußball-Länderspiel Schweiz-Deutschland vom 2. Mai 1937 im Spiegel zeitgenössischer Gestapo-Protokolle, in: ders., Seh-Zeichen. Reisen diesseits und jenseits des Bodensees, Konstanz 1993, S. 87-99. *Harald Landefeld/Achim Nöllenheidt, Singen – Helden auf der Heimreise.* Lebensmüde am Bahnsteig, in: dies. (Hrsg.), »Helmut, erzähl mich dat Tor!« Neue Geschichten und Porträts aus der Oberliga West 1947-1963, Essen 1993. *Hannes Ott, Wandlung der Planungsmotive im Siedlungsraum von Singen,* in: Singener Jahrbuch 1967, S. 7-14. *Rede von Stadtoberbaudirektor Hannes Ott* am 19.1.82, in: Singener Jahrbuch 1982, S. 39-44. *Gudrun Sräga, Singen 1945.* Wiederbeginn des politischen Lebens unter französischer Besatzung, in: Dieter Schott, Werner Trapp (Hrsg.), Seegründe. Beiträge zur Geschichte des Bodenseeraumes, S. 382-393. *Horst Steffens, Helmut Rahn, Saba und das Wirtschaftswunder.* Fußball und Aufschwung West in den fünfziger Jahren (unveröff. Manuskript). *Friedrich Prinz (Hg.), Trümmerzeit in München.* Kultur und Gesellschaft einer deutschen Großstadt im Aufbruch 1945-1949, München 1984. Gerald Diesener, Die Propaganda der DDR zur WM 1954, (unveröff. Manuskript).

Zu danken habe ich den vielen Journalisten verschiedener (oft heute nicht mehr existierender) Zeitungen, die 1954 dabei waren und mit Zitaten oder Details dieses Buch bereichert haben.

BILDQUELLEN

Grafik Seite 4, 5: Petra Junker; Archiv des Schweizerischen Fußballverbands: Umschlagbild, Seiten 8, 11, 13-29, 61, 68, 103-110, 112-116; Archiv Bächle: Seite 60; Archiv Oskar Boy: Seiten 40, 64; Archiv Brunner: Seite 59; Archiv des Bundesministers des Innern: Seite 146; Archiv Helmut Dillinger: Seite 49; Archiv Engel: Seite 69; Archiv Kwiatkowski: Seiten 2, 6, 130-132, 147; Archiv Palm: Seiten 31, 36-39, 42-48, 70, 72-74, 91, 94, 95; Archiv Erich Polkowski: Seiten 50-58, 62, 66, 67, 96, 98-102, 111; Archiv Schmidtpeter, Nürnberg: Seiten 126-129, 143, 145; Archiv Stuhler: Seiten 76-86; Landesbildstelle Berlin: Seiten 135-142, 152; Stadtarchiv Bonn: Seite 144; Stadtarchiv Buchloe: Seiten 92, 93; Stadtarchiv Dingolfing: Seiten 150, 151; Stadtarchiv Immenstadt: Seiten 88-90; Stadtarchiv Kaiserslautern: Seiten 65, 118-124, 148.

ALFRED GEORG FREI, 1954 in Tuttlingen geboren, studierte Geschichte und Politik in Konstanz, Bordeaux und Innsbruck, arbeitete danach als Wissenschaftler und freier Journalist. Seit 1986 ist er Leiter des Kulturamtes der Stadt Singen. Zahlreiche Veröffentlichungen zu kulturhistorischen und politischen Themen.

IMPRESSUM

Gneisenaustraße 2
10961 Berlin

Layout, Herstellung und Umschlaggestaltung: Gudrun Fröba, Berlin
Titelmotiv: Empfang in Singen (Stadtarchiv Singen)
Reprographie: Peter Rink, Berlin
Druck und Bindung: Kösel, Kempten
Gefördert vom Regierungspräsidium Freiburg
Hegau-Bibliothek Nr. 90
Hrsg. vom Hegau-Geschichtsverein

ISBN 3-88747-092-3